山登りでつくる感染症に強い体

新型コロナウイルスへの対処法

齋藤 繁

ヤマケイ新書

目次

第2部　感染症に強い体……55

装丁　尾崎行欧デザイン事務所
帯、本文写真提供　Alissa Eckert, MS; Dan Higgins, MAM/CDC/ ロイター／アフロ
本文イラスト　吉井アコ

はじめに

新型コロナウイルスのパンデミック禍によって実感されたのは、しっかりとした健康管理、疾病対策がされていない高齢者は新しい感染症にいかに弱いかということでした。別のタイプの災害、東日本大震災や阪神淡路大震災でも、おびただしい数の高齢の要介護者が、災害時、そして災害後の長い期間にわたって命を落としています。日々の生活での活動能力、自分の体の疾病抵抗力が十分でないと、非常時に生き延びることはできません。

科学、特に医学・医療技術の発展は生活を非常に便利にし、多くの致死的な疾患の克服を可能にしてくれました。しかし、薬や医療機器、介護器具が効果を発揮するのは、性質が解明されたウイルスや細菌、通常の生活で出遭う可能性の高い障害、メカニズムのわかっている病気に限られます。新規に発生するウイルスや薬剤耐性を獲得した細菌に対しては効果的な薬は存在せず、想定を超える災害で生じる健康被害に対してもほとんど無防備といえるでしょう。普段、便利で快適な生活環境に甘んじている現代人は、体を張って日々生存のために格闘していた有史以前の人々より、むしろ対応能力において劣るとも考えられます。

二〇一九年末に始まった新型コロナウイルス感染症への対策で推奨されたのは、人が密集しない環境で、よく換気をしながら体を動かすことでした。映画館ダメ、カラオケボックスも、トレーニングジムもダメと、それぞれの愛好者にはストレスの蓄積の方がウイルスよりも体に悪いのではと取りざたされる中、いつもと変わらぬペースで活動を続けられたのは、人の少ない広々とした公園でのウォーキングや郊外でのハイキング愛好者たちでした。混雑する公共交通機関の利用を避けるようにとアナウンスされたことから、登山口までの移動に制約が生じましたが、マイカーなどで自宅から登山口まで往復し、登山口からは滅多に人に会わないマイナーな里山を歩くことは、心肺機能の強化、血栓症防止、糖尿病予防、免疫力強化など、身体機能維持にはいいことずくめと考えられました。

山というと「遭難」の文字がすぐに思い浮かんでしまうかもしれませんが、山に行く人の絶対数に比較すれば、山岳「遭難」例はごくごく一部です。また、昨今は岩場での転落事故や雪崩遭難は極めて例外的で、天候の厳しい状況で無理に突入しなければ、また、自分の体力や体調に合わせて取り組むことを心がければ、山歩きは決して危険なスポーツではありません。四季の変化に富み、豊かな自然に恵まれた日本の山々の特性を最大限に活用して、日々のストレスで痛んだ心と体を再生させてはいかがでしょう。

これから、山登り、山歩きを楽しみながら抵抗力のある体を作るコツ、登山を活用した健康長寿を約束する生活改善法を一緒に考えたいと思います。

第1部

新型コロナウイルス感染症

新型コロナウイルス感染症とは

原因と病態

新型コロナウイルスと呼ばれる病原体は、エンベロープと呼ばれるカプセルの中にＲＮＡ遺伝子を閉じ込めた構造をしています（左写真）。ヒトに感染するコロナウイルスとしては七種類が知られていますが、このうち四種類はごく普通の〝風邪〟を引き起こすウイルスで、残りの三種類、SARS-CoV、MERS-CoV、SARS-CoV-2が激しい肺炎などの重篤な症状へと進展させる毒性をもつウイルスです。新型コロナウイルス感染症を引き起こすのはSARS-CoV-2で、このウイルスによる感染症の国際的な名称がCOVID-19です。もともとコウモリを宿主としていたウイルスが、遺伝子の変異を繰り返すうちにヒトのアンジオテンシン変換酵素（血圧の制御などに関係する酵素）に結合するものが生じたと言われています。SARS-CoV-2ウイルスがヒトの体に入り、ウイルスのエンベロープの突起がアンジオテンシン変換酵素に結合すると、ウイルスのＲＮＡ遺伝子がヒトの細胞内に侵入して、ウイルス遺伝子の増幅や入り込んだ細胞の破壊を始めます。アンジオテンシン変換酵素は、空気の通り道（気道）の細胞や肺の奥の肺胞上皮細胞に多く存在するので、ウイルスはそれらの細胞を感染標的としています。また、心臓、腎臓、血管、消化管にもアンジオテンシン変換酵素が発現しているので、ウイルスの生体内での増殖が進むと、こうした臓器も壊されます。

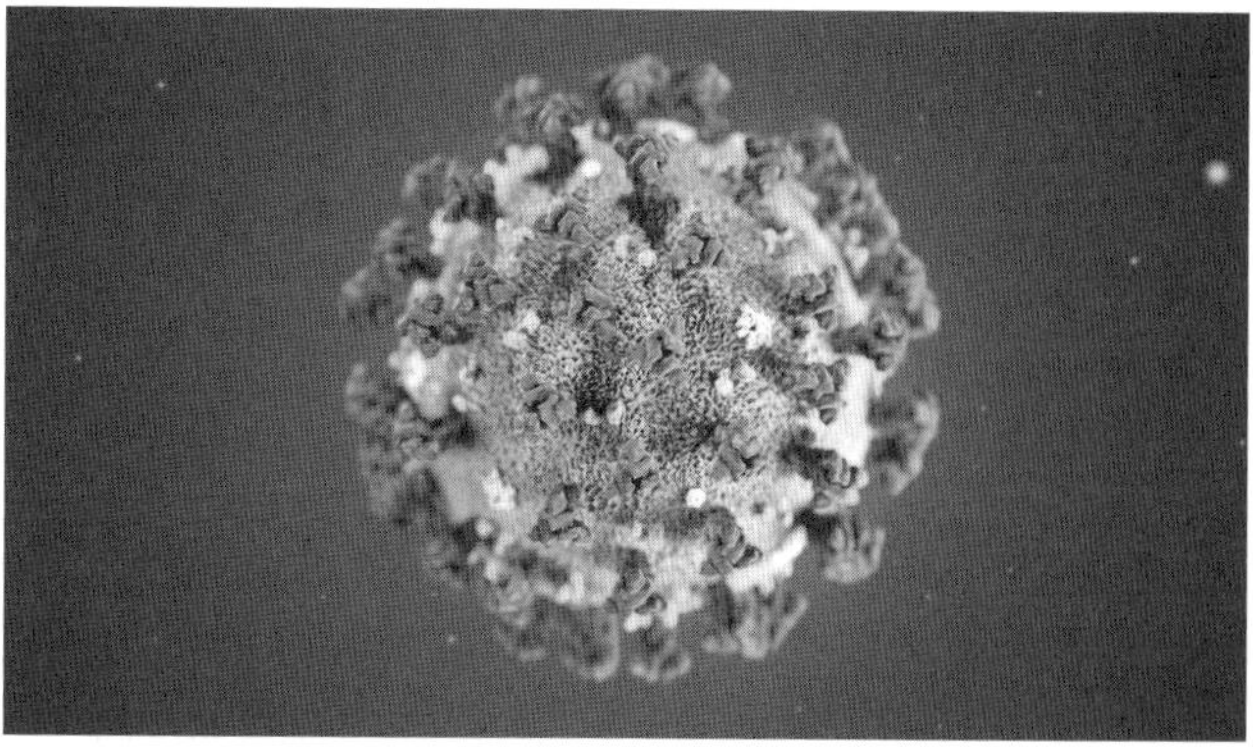

新型コロナウィルスはRNA遺伝子と袋で構成されている。アルコール(エタノール)で袋を破壊すると感染力がなくなる。

感染者のおよそ八〇パーセントは症状が比較的軽く、全く症状が出ない感染者も少なくありません。呼吸困難などを伴う重症患者は全体の一五パーセント、呼吸不全や敗血症、多臓器不全など命に関わる重篤な症状の患者は六パーセント程度です。重症や死亡のリスクが高いのは、六十歳を超えた人や太った人、高血圧や糖尿病、慢性の呼吸器の病気、がんなどの持病のある人と言われています。子どもの感染例は少なく、症状も比較的軽いということで、十九歳未満の感染者は全体の二・四パーセントにとどまっていて、重症化する人はごくわずかです。

二〇二〇年初期までに中国において感染した人、五万五九二四人のうち死亡したのは二一一四人で、致死率は三・八パーセントでした。致死率は高齢になるほど高く、八十歳を超えた感染者の致死率は二一・九パーセントに上っています。また、感染が最も深刻だった武漢での致死率が五・八パーセントなのに対して、その他の地域では〇・七パーセントと大きな差があります。また、二〇二〇年一月一日から十日までに発病した患者の致死率は一七・三パーセントですが、二月一日以降に発病した患者の致死率は〇・七パーセントと低く、時間が経つにつれて、適切な対処法がわかってきたためではないかと分析されています。世界全体での死亡率は〇・五パーセント程度とされていますが、一時期のイタリアでは一四パーセント、イギリスでも一三パーセント、アメリカ合衆国で五・八パーセントなど、計算対象となる集団や時期によってかなり開きがあります。日本での死亡率は五パーセント以下で、こちらも集計の対象や時期で異なってきます。中国のデータによ

世界の感染者数

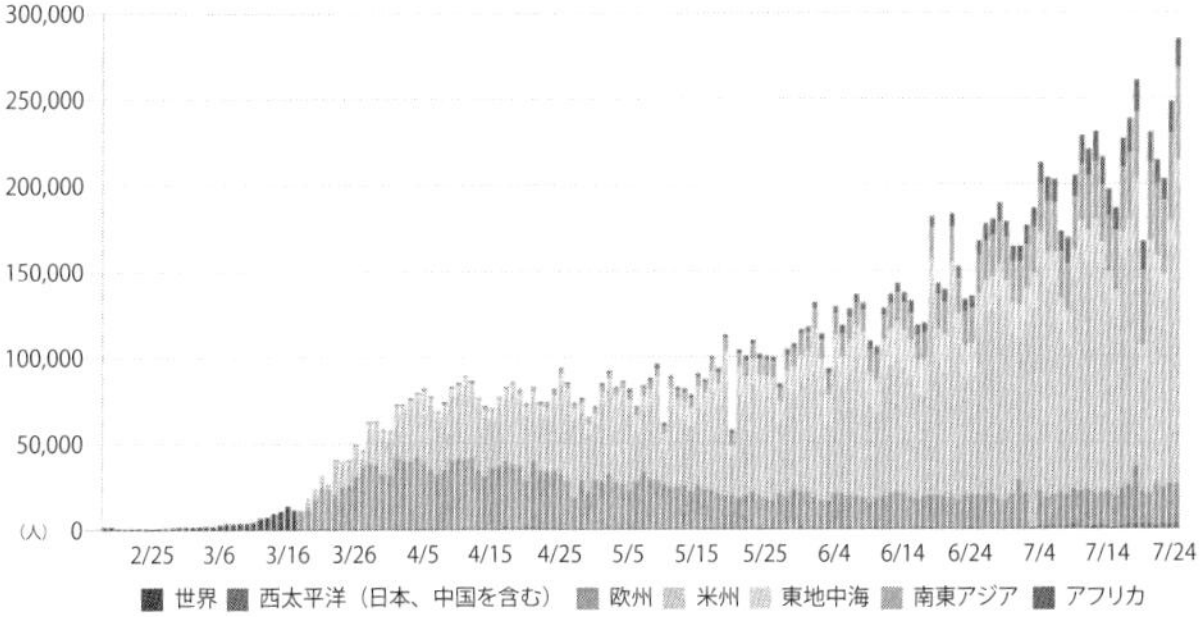

世界全体での感染状況推移はWHOや米国Johns Hopkins大学の情報に基づき毎日更新されている。世界全体では拡大傾向が続いている。

日本の感染者数

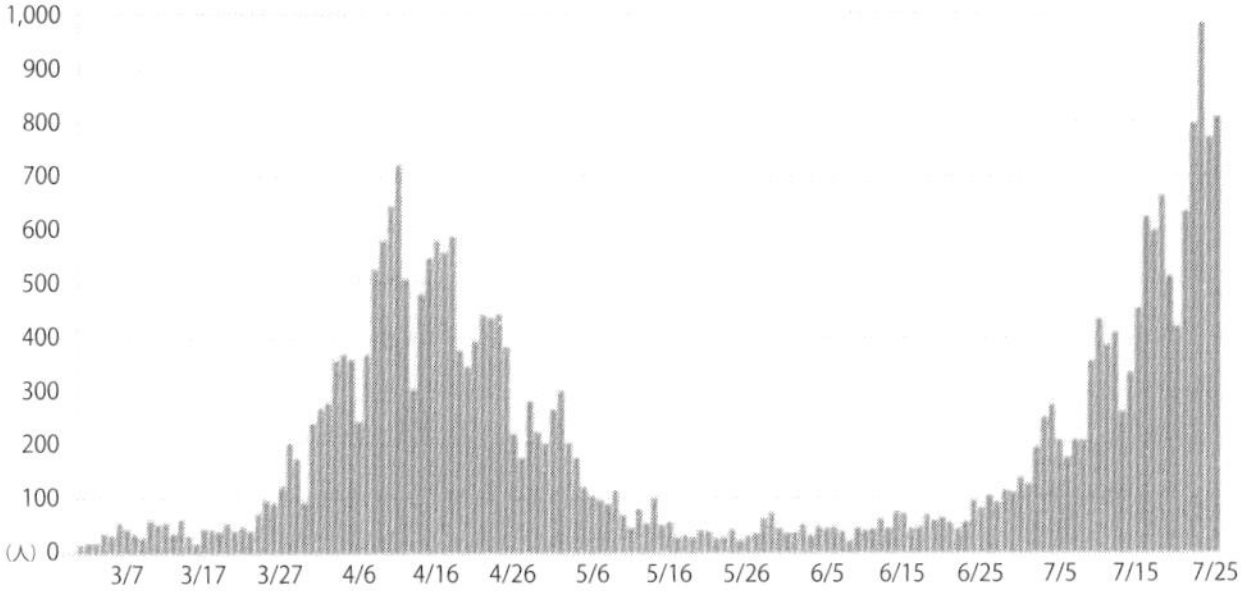

日本での感染状況推移は厚生労働省のホームページなどで毎日更新されている。9月末の時点で、2回目のピークが収束の方向に向かっている。

ると、もともと病気のあった患者では致死率が高く、心臓病がある人は一三・二パーセント、糖尿病九・二パーセント、高血圧八・四パーセント、慢性の呼吸器疾患が八・〇パーセント、がんが七・六パーセントとなっています。

日本政府は二月一日付けで新型コロナウイルス感染症を感染症法の「指定感染症」に指定しました。これにより新型コロナウイルス感染症と診断された場合は、感染症病床のある病院に転院して、医療費の公費負担のもとに隔離、治療を受けることになりました。症状のない感染者も、感染力がなくなるまで指定された療養施設などで隔離され、他の人に感染を広げないように指示されます。

空気の通り道（気道）から侵入した細菌やウイルスなどの病原体が、結合した細胞や組織で炎症を引き起こすことで気管支炎や肺炎の症状が起こります。なお、感染が原因ではないアレルギー性の肺炎もあります。それに対して風邪では、別名「上気道炎」と呼ばれるように、気道のうち、喉頭から上で炎症が起きています。これより奥の下気道と呼ばれる気管から肺までは、体のさまざまな防御システムに阻まれて細菌やウイルスも簡単には侵入できません。健康な人ならばウイルスを吸い込んでしまっても上気道止まりです。軽症で済むかどうかの分かれ道は、体の防御システムが機能するかどうかにかかっています。高齢者や基礎疾患のある人では、免疫機能が低下していて、防御システムがうまく働かず、重症化すると考えられます。

喉頭から奥の気管、気管支に炎症が起こると、空気の通り道にたまった分泌物や炎症によるむく

年齢別の致死率（%）

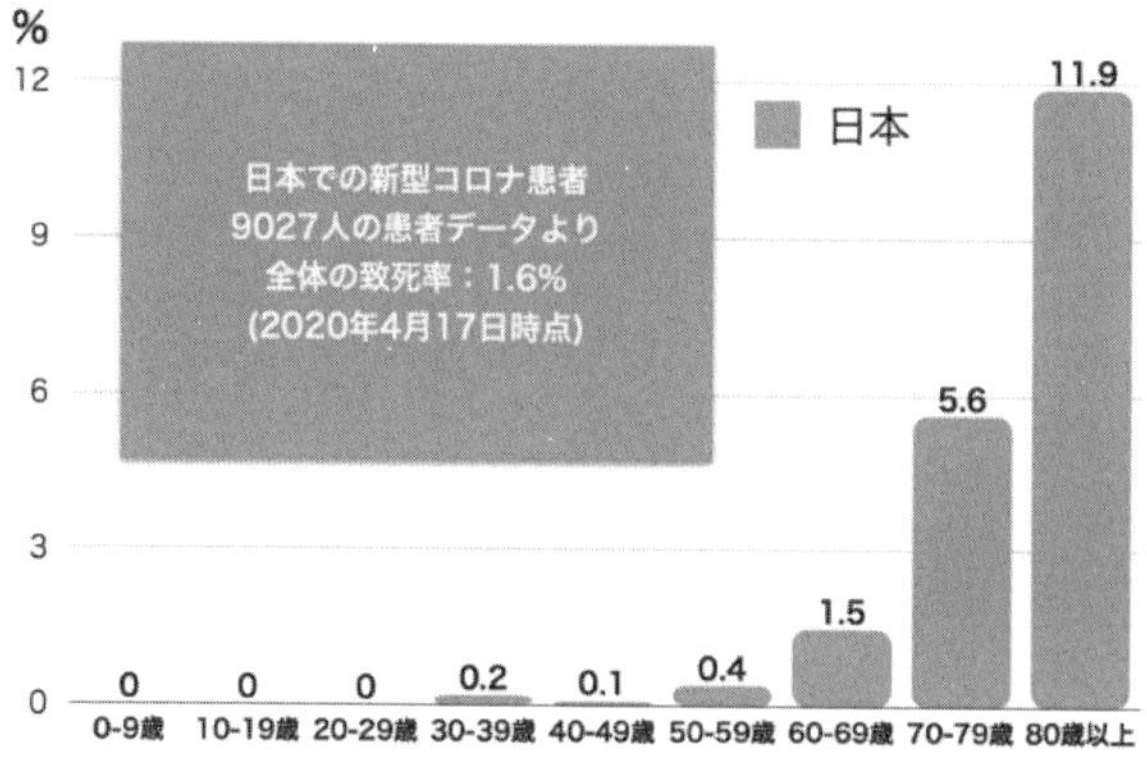

若年者の感染は極めて少なく重症例もほとんどないのに比して、高齢者では死亡率が高い。特に70歳代以降で死亡率が急速に高くなる。

持病と致死率との関係

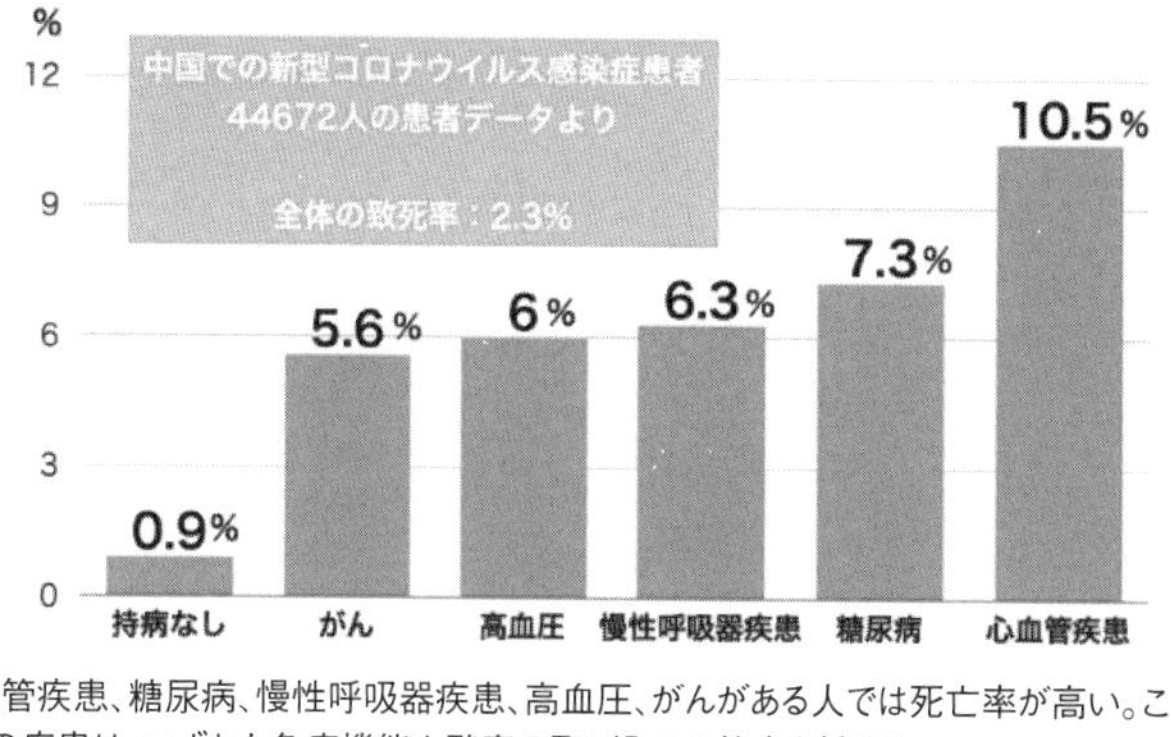

心血管疾患、糖尿病、慢性呼吸器疾患、高血圧、がんがある人では死亡率が高い。これらの疾患は、いずれも免疫機能や酸素の取り込みの能力を低下させる。

みで空気の通り道が狭くなります。このため咳《せき》や痰《たん》が出ると同時に呼吸がしづらくなります。さらに奥の肺胞にも炎症が起こると、空気のスペースに滲出《しんしゅつ》液がたまりはじめ、空気から血液中の赤血球までの酸素の移動距離が長くなってしまいます。また、肺胞の外側には傷を治すための線維成分が増えて膨らみにくくなります。その結果、血液中の酸素が不足し、呼吸不全の状態になってしまいます。

病原体の侵入に対して人の体は免疫機能を起動させ、炎症性サイトカイン、ケモカインと呼ばれる化学物質を産生・放出します。これらの炎症メディエーターと呼ばれる物質は、病原体を殺すための場所を確保するために、その場所の水分を増やし、炎症状態を形成します。これが炎症の際のむくみです。通常はこの反応で感染が収束し、体は回復していきますが、重症化する例では炎症状態が激しくなりすぎて自分の肺や血管の細胞、血液を固まらせる凝固因子などを破壊してしまいます。肺の奥の空気の入るスペースがノリ状の分泌物で満たされ、それが固まることでガチガチの固い〝肺〟になってしまいます。中枢神経や腎臓、肝臓なども破壊されれば、多臓器不全の状態となり、回復が難しくなります。

症状と診断法

臨床症状は高熱にはじまり、咳、激しい筋肉痛、だるさ・倦怠感、そして呼吸障害が出現しま

新型コロナの頻度の高い症状

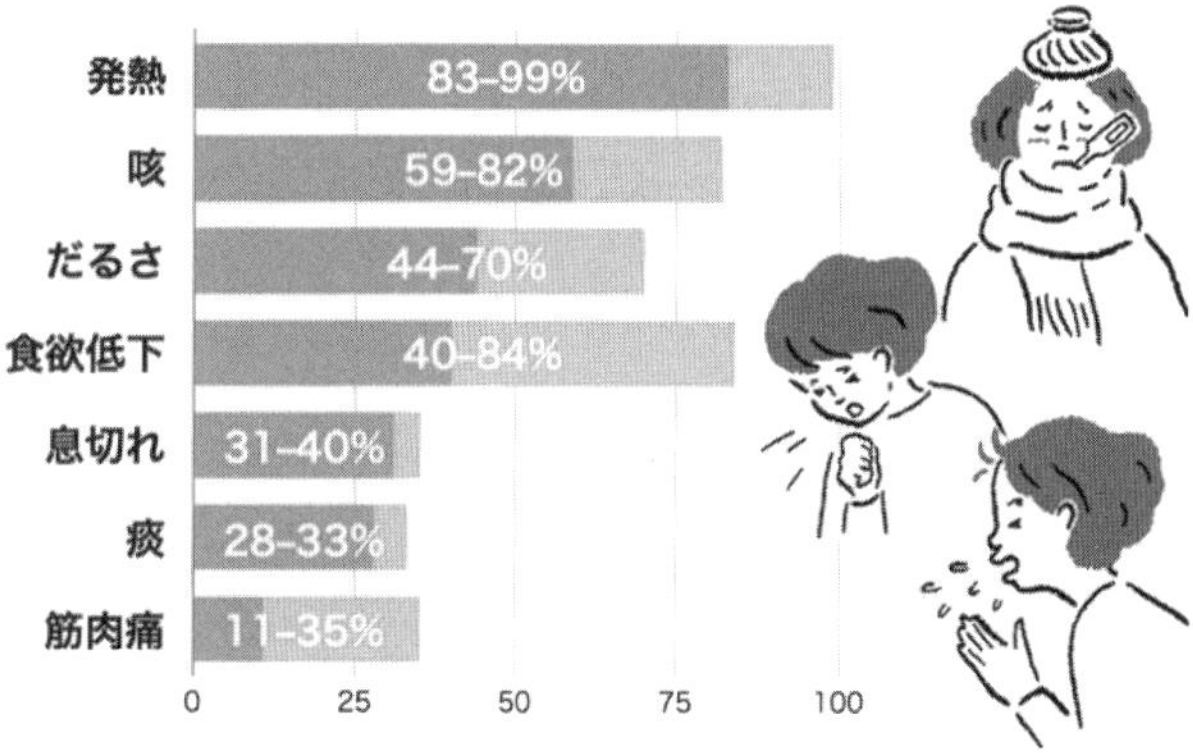

発熱と上気道炎・肺炎の症状が起こる。嗅覚に関わる細胞にウイルスが結合するため、味や臭いの感覚に異常をきたすことがある。

す。味覚障害、嗅覚障害などもよくみられる症状で、臭いを感じる「嗅細胞」を支えている「支持細胞」が炎症で腫れ上がり、臭いの分子の通り道を塞ぐことが原因とされています。

ＷＨＯの専門家らによるチームが二〇二〇年二月二十日までに中国で感染が確認された五万五九二四人のデータを分析したところ、感染者にみられた症状は、発熱が八七・九パーセント、咳が六七・七パーセント、倦怠感が三八・一パーセント、痰が三三・四パーセント、息切れが一八・六パーセント、のどの痛みが一三・九パーセント、頭痛が一三・六パーセントでした。他の集計でも大体似たような比率になっています。また、感染すると平均で五日から六日後に症状が出ています。後遺症に関しては、退院するなどした人のおよそ七パーセントに起こると報告されていて、呼吸機能の低下、筋力や運動能力の低下、認知機能の低下、嗅覚異常などが挙げられています。重症化して長期間人工呼吸器などの人工臓器による治療を受けた人に高頻度で後遺症が見られます。

検査所見として、炎症のマーカーであるＣＲＰの上昇、白血球数・リンパ球数の異常、ＰＰＴ延長やD-dimer上昇、血小板数の低下など血液を凝固させる因子の異常、細胞の崩壊度を表わすＡＬＴやＡＳＴ、ＬＤＨなどの酵素の上昇、栄養状態を表わすアルブミンの低下などが見られます。血液中にウイルスのＲＮＡ遺伝子が確認される場合もあります。

胸部のレントゲン写真では、散在性のすりガラス状陰影が見られ、特徴的なＣＴスキャンの所見として、片側性ないし両側性の胸膜直下のすりガラス状影（背側または下葉に多い）、円形の多巣

胸部レントゲン写真

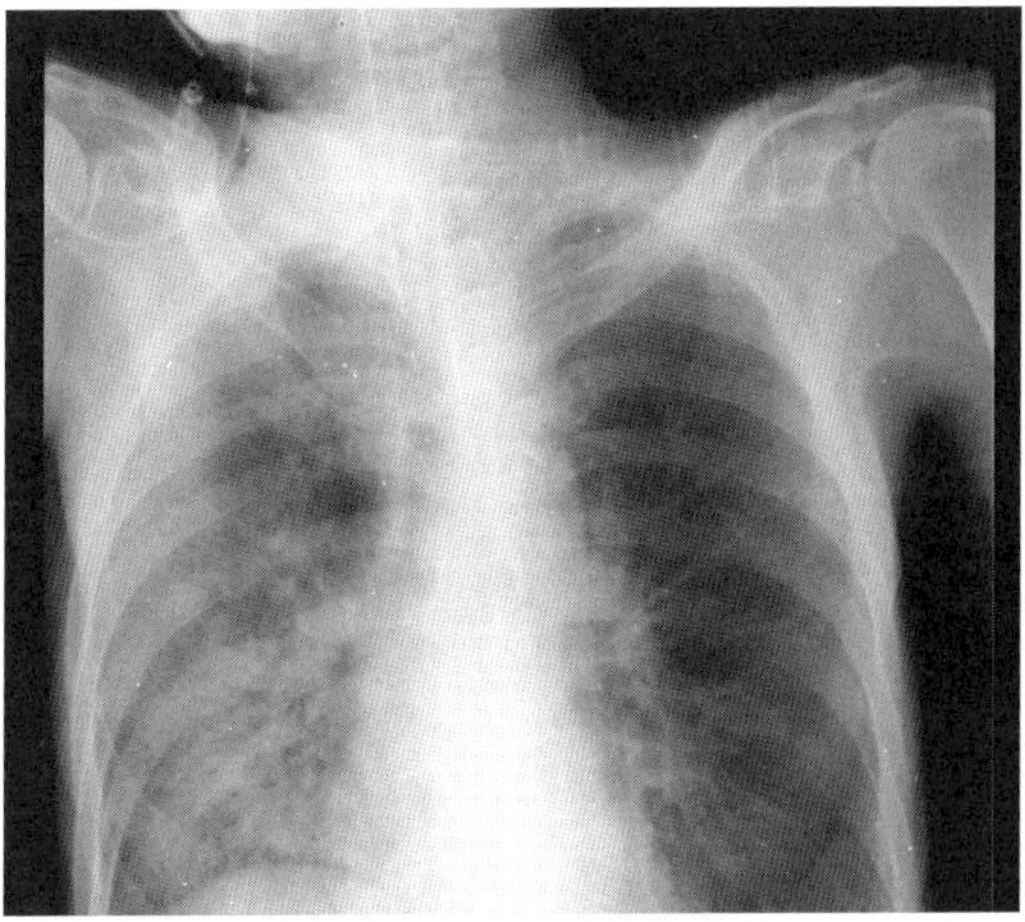

肺炎になると空気の入らない部分が出てくる。肺の領域の部分的な白い影から始まり、重症になると肺のあちこちが白い影で覆われる。

CTスキャン画像

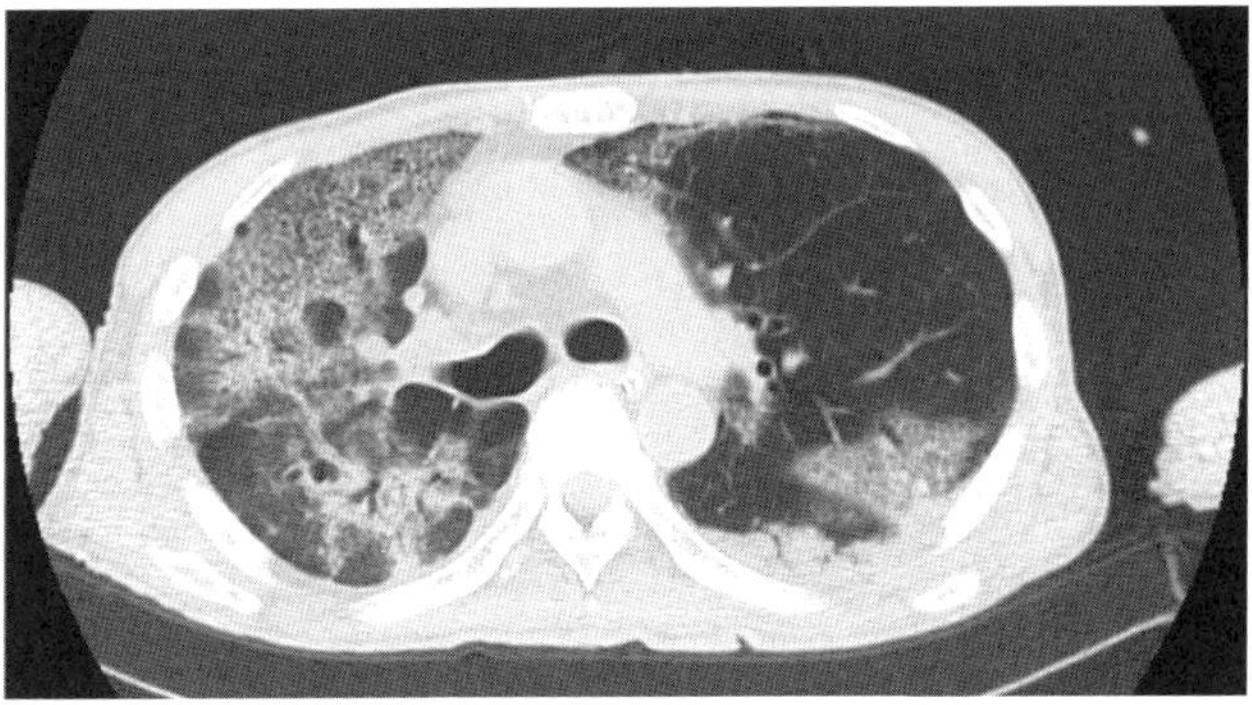

激しい炎症で肺の構造が壊れていく。肺胞の周囲に炎症が起こり、ウイルスに侵された部分が線維状の固い組織に置き換えられていく。

性の影、不定形の crazy-paving pattern と呼ばれる濃い影、空気のスペースの消滅を意味する索状影などが指摘されています。こうした像は他のウイルス性肺炎や間質性肺炎でも見られるので、新型コロナウイルスに特有というものではありません。

診断の確定にはウイルスのRNA遺伝子を増幅して検出するPCR (polymerase chain reaction) 検査やウイルス分子の存在を免疫手法で確認する抗原検査が行なわれます。しかし、こうした検査は偽陽性（感染者でないのに感染者と判定してしまう誤り）や偽陰性（感染者なのに感染していないと判定してしまう誤り）が少なからずあり、これらの結果だけで他人への感染伝播能力を判定できるわけではありません。一般的には、ウイルスが存在する確率が高い鼻の奥を拭い取った検体や喀痰《かくたん》が検査に用いられますが、唾液を多めに取ることでも検出が可能になってきました。以前に感染したことがあるかを確認するための抗体検査もありますが、こちらはどちらかというと公衆衛生学的に感染の広がり具合を後から検証するために利用されるものです。

保険診療上の取り扱いでは、「中等症＝酸素療法が必要な状態の患者のほか、免疫抑制状態にある患者の酸素療法が終了した後の状態など、急変等のリスクに鑑み、宿泊療養、自宅療養の対象とすべきでない患者」、「重症＝人工呼吸器管理等を要する患者のほか、これらの管理が終了した後の状態など、特定集中治療室管理料等を算定する病棟における管理を要すると医学的に判断される患者」と定義されていて、感染を強く疑う検査結果や背景、多少の症状はあるものの中等症のレベル

人工呼吸器

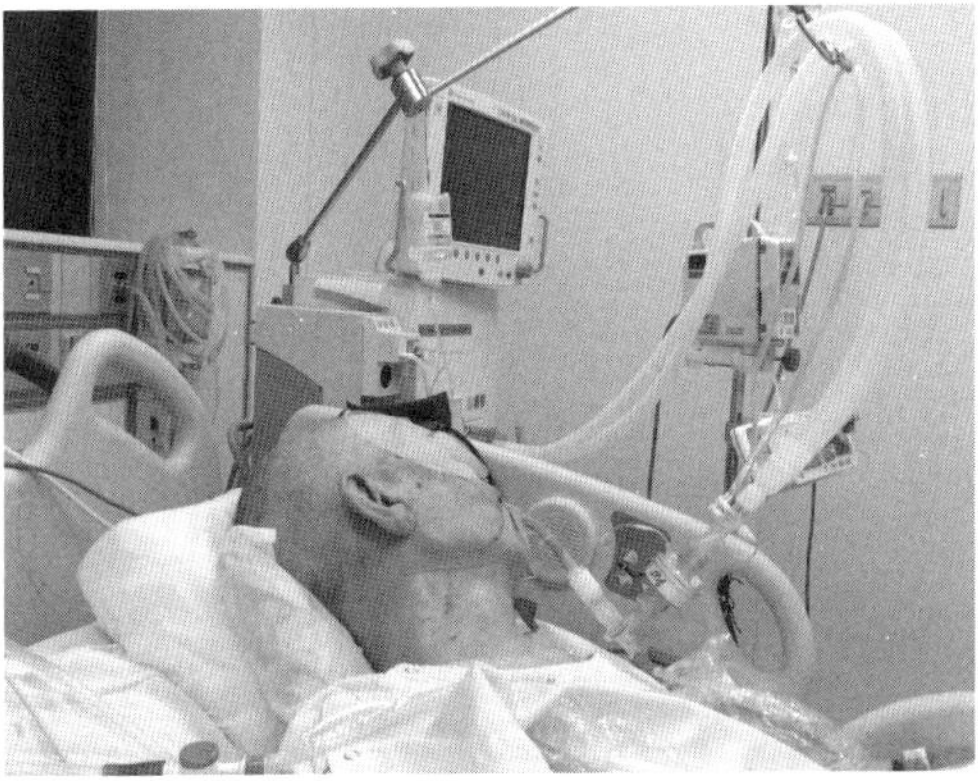

ウイルスに侵されて広がりにくくなってしまった肺を広げるため、気管に管を入れて人工呼吸器で圧力をかけて空気を肺に送り込む。

ECMO

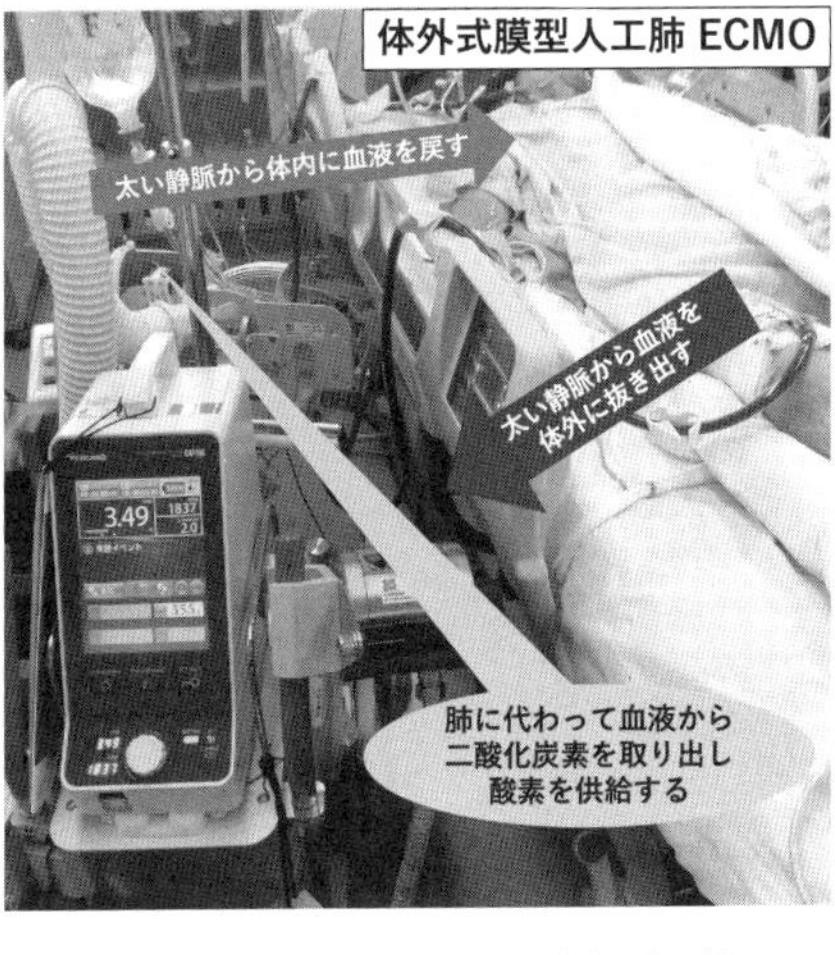
体外式膜型人工肺 ECMO
太い静脈から体内に血液を戻す
太い静脈から血液を
体外に抜き出す
肺に代わって血液から
二酸化炭素を取り出し
酸素を供給する

人工呼吸器でも肺が十分に広がらなくなり、肺から酸素を取り込ませることが難しくなってしまったら、体から血液を抜き出し、血液に酸素を結合させて体に戻すようにする。

ではない人が軽症に分類されます。

治療と予防法

ウイルス性肺炎の治療には、抗ウイルス薬による病原体の制御、機能障害に至った呼吸器や循環器、その他臓器の補助、過剰すぎる炎症反応の抑制の三つがあります。新型コロナウイルスに対しては、現在、さまざまな抗ウイルス薬が候補にのぼっていますが、今のところ決め手となる薬は開発、同定されていません。呼吸器系の補助のためには酸素投与、人工呼吸器による呼吸の補助、人工肺（ECMO extracorporeal membrane oxygenation）などが用いられますが、これらはウイルスを排除するためのものではなく、感染者が自分の免疫機能によってウイルスを排除できるまでの時間かせぎのためのものです。肺以外の臓器を補助するために血液濾過透析装置なども使用されます（前ページの人工呼吸器とＥＣＭＯの写真）。

集中治療の専門家がこうした器具を適切に使用することで、ＥＣＭＯの使用が必要な段階まで重篤化しても七〇パーセント程度の人は回復するとみられています。しかし、人工呼吸器では機械の力でむりやり肺を広げるため、肺の細胞を圧力で壊すこともあります。また、ＥＣＭＯの使用では非常に太い管を血管に差し込まなければならず、体の外で血液が固まらないようにするための微妙な凝固機能の調節も必要になります。機器を使い慣れない医療チームでは状態を悪化させる危険すらあります。こうしたことから、死亡例の多い国では、重症患者治療が可能な医療機関と実際に重傷者の診療を担当している医療機関に、ミスマッチがあるのではないかという指摘もあります。

過剰すぎる炎症反応を抑制するためにはステロイド剤を代表とする免疫抑制剤が使用されます。しかし、投与するタイミングによっては、逆にウイルスの増殖を促し病状を悪化させてしまいます。投与の時期、種類、量、投与期間などを慎重に判断することが求められるサジ加減の難しい治療です。

予防のためには、環境の衛生管理や社会活動の制限などを含め、さまざまな取り組みが行なわれています。コロナウイルスはエンベロープと呼ばれるカプセルに包まれたRNAウイルスなので、アルコールや次亜塩素酸の消毒薬で破壊することができます。また、個人の感染防御では標準予防策と呼ばれる注意事項を守ることが大切です。具体的には、マスクの使用、まめな手洗い・うがい、三密（「密集した場所」「人と密接する場面」「密閉され、閉ざされた空間」、英語では三C（closed spaces, crowded places and close-contact settings）防止などです。

医療に関係する人たちは、ＰＰＥ（personal protective equipment）と呼ばれる個人用防御具の適正な使用が求められます。主なＰＰＥは、ガウン、手袋、マスク、キャップ、エプロン、靴カバー、フェイスシールド、ゴーグルなどです。使用する状況によって、選択される用具の種類が変わります。マスクやガウンを外すときにウイルスが体につきやすいので、着脱スペースの確保、事前の練習、仲間同士の各ステップの確認、使用後の適切な廃棄など、手間と労力のかかる作業がついて回ります。

新型コロナウイルスの症状例

具体的な事例をいくつか紹介しましょう。情報管理の観点から、学術団体や周辺医療機関などから著者に寄せられた情報をもとに、現実の事例を物語風に改変していることをお許しください。

軽症の五十嵐さん（55）の場合

ある地方都市の郊外で飲食店を経営する五十五歳の五十嵐（仮名、以下同）さんは三日前から三十八度ぐらいの熱が出て、全身もだるくお店を開ける気がしません。先週のお客さんで、ひどく咳をしている男性がいたことを思い出し、自分の症状も新聞で見た新型コロナウイルス感染症の症状と似ているような気がしてきました。近くの内科医院を受診したところ、保健所と連絡を取ってもらえ、そのまま市内の総合病院の感染症外来へ向かうことになりました。総合病院では胸のレントゲン写真とCT撮影をしましたが、それらには異常な影は写りませんでした。鼻の奥から長い綿棒で粘液が採取され、結果の出る明日まで自宅で待機するように指示を受けました。

翌朝も熱は下がっておらず、保健所からの電話で、昨日検査を受けた病院とは違う、隣町の総合病院へ入院するように指示を受けました。ＰＣＲ検査で新型コロナウイルスの遺伝子が検出されたのです。救急車を頼むほど深刻な症状はないので、自分の車で指定された病院に向かいました。入院する病院に着くと、通常の外来とは異なった入り口に案内され、特別なエレベーターで陰圧室という、外に空気が漏れない部屋に案内されました。テレビで見たようなガウンやマスクをしたお医者さんや看護師さんが順番に問診に来ましたが、私の場合は熱以外にはこれといった症状もないので、一日おきに検査をしつつ、ウイルス検査が二回続けて陰性になるまで数日間ここで過ごすことになると伝えられました。

外に出られない以外は特に不自由はなく、ご飯もトイレも部屋で済ませました。毎日、看護師さんが検温に来てくれ、食事の上げ下げもしてくれますが、そのたびに個人用防御具を付け外しするので、大変そうでした。お医者さんとの会話は備え付けのテレビ会議システムを使用するので、直接会ったのは最初だけでした。入院二日目から熱が下がり、だるさもなくなりました。ベッドに横になってばかりではよくないと思い、入院三日目からはベッドサイドで一日三回簡単な筋トレをすることにしました。入院十一日目にPCR検査が陰性となり、その二日後も陰性だったため、十五日目に自家用車で退院しました。

中等症の石井さん（45）の場合

都内に本社のある大手企業の工場で働く四十五歳の石井さんは、前日から咳が出るようになりました。朝食に納豆を食べましたが、いつもより味も匂いも薄いように思いました。タバコも味気ないように感じます。会社に出勤すると、物々しい感染防御具を付けた保健所の職員が医務室の担当者と検温や問診をしています。本社の講習会に参加して帰ってきた同僚の渡辺さんが発熱してPCR検査を受けたところ、新型コロナウイルスに感染していることがわかり、彼と一緒の仕事場にいた職員は全員濃厚接触者としてPCR検査を受けないといけないとのことです。前日から咳が出ること、味覚や嗅覚が少し変かなと思っていることを問診で伝えると、検査の結果を待つまで自宅で待機するように指示されました。

翌朝早々に保健所から電話があり、市内の総合病院に入院するように指示がありました。PCR検査が陽性だったとのことです。病院に到着するとすぐに胸のレントゲン写真とCT撮影を受け、それから個室に案内されました。この頃から熱が出てきました。咳は相変わらずで、痰も少し出るようになりました。パルスオキシメーターを指先につけて動脈血の酸素飽和度を測ると九五パーセントでした。お医者さんの説明では、肺に少し影があるとのことです。

入院二日目の夜から、少し息を吸い込みにくい感じがするようになりました。胸が何かに押さえつけられているように感じられ、夜中に何度も目を覚ましました。熱も三十八度ぐらい出ています。入院三日目の朝の酸素飽和度が九二パーセントだったので、毎分二リットルの流量で酸素を吸うために、食事とトイレのとき以外は酸素マスクをつけることになりました。酸素を吸っていると、酸素飽和度は九八パーセントぐらいに上がります。これで随分楽になりました。

入院六日目からは熱も平熱に下がり、息苦しさも感じなくなりました。痰も減り、乾いた咳がときどき出るくらいです。部屋の外へは出られませんが、ベッドの柵につかまって、一日数回屈伸運動をしたり、部屋の中で歩くように指示されました。筋力低下や血栓症を予防するためとのことでした。入院九日目と十一日目のＰＣＲ検査が陰性だったので、十四日目に退院となりました。

重症の川井さん（54）の場合

運送会社の事務作業を担当する五十四歳の川井さんは一六五センチ、一〇五キロの体格です。糖尿病の初期と言われ、血糖を下げる薬を二年前から飲んでいます。睡眠時無呼吸もあり、もう少し悪化したらＣＰＡＰマスクという空気の通り道を広げる器械を寝るときにつけるようになるかもしれないと脅かされています。一週間前に都内で関連会社の宴席があり、二日前から熱が出てきました。その他には症状はありませんが、念のため、糖尿病で毎月受診しているかかりつけの医院を予約より早く受診してみました。経過を伝えて医師が保健所に新型コロナウイルスのＰＣＲ検査ができるか問い合わせると、その日の午後に市内の総合病院で検査するように指示がありました。

午後に受診した病院ではすぐにレントゲン写真とＣＴ撮影が行なわれ、影があるので、このまま入院して下さいと伝えられました。鼻の奥の検体も採取され、それから個室に案内されました。入院して早々の酸素飽和度は九二パーセントで、念のため毎分二リットルの酸素投与も受けることになりました。

その晩から息苦しさが強くなります。もともと睡眠時無呼吸のため、息苦しさで夜中に目が覚めることはしょっちゅうでしたが、今回の息苦しさはレベルが違います。息を吸おうとしても胸が広がらない感じで、このまま死んでしまうのではと恐怖を感じました。夜中に来てくれた医師から、「呼吸を楽にする管を喉から入れるかもしれない」、「管が入ると声が出せなくなる」などの話をされ、それを了解したところまでは覚えていますが、そのあとは何も記憶に残っていません。

川井さんにはその後、気管に管が挿入され、人工呼吸器が装着されました。人工呼吸器で呼吸を補助することで、その翌日は何とか血液に酸素を送り込むことができました。しかし、入院四日目になると人工呼吸器で一〇〇パーセントの酸素を投与しても、肺に酸素を送り込む圧力を上げても血液の酸素濃度が維持できなくなってしまいました。そのまま人工呼吸器だけで粘ると肺に悪い影響が出てしまうと判断した医師たちは、人工呼吸器で肺に圧力をかけて酸素を送り込むことを控えめにして、ＥＣＭＯ装置で血液の酸素化を図ることにしました。川井さんの体格でＥＣＭＯ装置の太い管を血管に挿入することは容易ではありませんが、そうすることで肺を数日間本格的に休ませる決断をしたのです。

幸い、ＥＣＭＯを使用して三日目頃から肺が広がるようになり、ＥＣＭＯ装置に還流する血液量を少なくしても、動脈血酸素飽和度が下がらなくなりました。結局、使用開始から五日目にＥＣＭＯ装置を外すことができ、その三日後には人工呼吸器による呼吸補助もほとんど不要になりました。入院十四日目と十五日目のＰＣＲ検査でウイルスが陰性になったことを確認して、のどの管も抜くことができました。

しかし、のどの管が抜けてからも、すぐに退院というわけにはいきませんでした。二週間も全く動けないでいると、体は鉛のように重く感じました。看護師さんたちがこまめに体を動かしたり、クッションを当てたりしてくれていたようですが、太い血管にＥＣＭＯ装置の管が入っているときは大きく体を動かすことはできず、お尻の辺りの皮膚は少し赤くむけかけてしまったようです。ベッドの脇につかまり立ちできるようになるまで、練習を始めてから一週間かかりました。よかったことといえば、衰弱で体重自体が一〇キロ以上減ったことですが、脂肪よりも筋肉が減ってしまったようです。川井さんは結局その後、療養型の病院に転院し、さらに一カ月リハビリテーションを続けてから、およそ二カ月後に自宅に戻ることができました。

中等症から重症の中野さん（99）の場合

介護施設に入所していた九十九歳の中野さんは、介助してもらいながらなんとか食事を摂ることはできましたが、ほとんど寝たきりの生活を送っていました。認知症はかなり重度で、暴れることはないものの、会話はほとんど成立しませんでした。入所施設に出入りする納入業者のスタッフが新型コロナウイルスに感染していたことから、中野さんを含む五人の入所者がＰＣＲ検査を受けました。中野さんには熱もなく、特別に変化も見られませんでしたが、検査の結果が陽性だったため、同市内の総合病院に入院となりました。

お子さんはすでに亡くなっていて、お孫さんが年に数回面会に来てくれていましたが、今回は仕事が忙しくて入院には立ち会えないということで、元の入所施設の職員が入院の手配も整えました。入院時のＣＴ検査では、肺全体に淡い肺炎の像が認められました。電話で症状をお伝えしたところ、お孫さんからは、もう十分生きたので、症状が出ても人工呼吸器やＥＣＭＯなどの機械につなぐことは本人も望まないだろうということでした。

入院から一週間、中野さんはほとんど変わりがなく、介助してもらえば食べ物を摂ることができていました。発熱もなく、動脈血酸素飽和度は酸素の吸入なしで九二パーセントぐらいありました。入院して八日目の朝、看護師が朝の検温に行くと、少し呼吸が浅く速くなっていました。酸素飽和度は八〇パーセント前後に下がっています。その日から、マスクで毎分二リットルの酸素投与が開始されました。これで酸素飽和度は九〇パーセントぐらいに上がりました。しかし、その二日後の朝、中野さんは静かに息を引き取りました。

軽症と重症の夫婦の場合

最後に肺炎を患ったご夫婦の例を紹介します。お二人の経過の違いは、いわゆる「免疫力」の差を明確に表わしていると考えられます。八十歳の奥さんと八十一歳の旦那さんは、ご夫婦揃っての数カ月にわたる長い国内旅行の途中で、二人とも咳が出始めました。ずっと一緒に行動していたので発症するまでの環境は全く同じです。しかし、受診した医療機関で撮影したレントゲン写真で、お二人とも肺炎の像（肺のレントゲン写真で白い影が認められる）が確認され、ＰＣＲ検査で新型コロナウイルス肺炎と診断された後の経過は全く異なりました。奥さんは三十七度五分くらいの熱と少し咳が出たものの、それ以上の悪化はなく、二週間の経過観察後に元気に退院されました。もともと毎朝のラジオ体操やエクササイズに取り組んでおられ、入院中も病室でラジオ体操をしていました。

一方、ご主人の病状は日増しに悪化し、入院時は会話も可能であったのが、翌日には呼吸困難となり、人工呼吸器を使用しないと呼吸が維持できなくなってしまいました。その翌日には肺の酸素取り込み能力も低下して、ＥＣＭＯを使用することになりました。その後、二週間はＥＣＭＯに頼らないと生命が保てない状況が続き、そこから徐々に肺の一部が回復して、さらに四週間後にようやく自分の呼吸で生命を保つことができるところまで戻りました。しかし、空気の通りをよくするために喉に穴を開け（気管切開と言います）たり、肺の半分くらいは固く機能しない組織になったり、呼吸のための筋肉が衰えたりと、全く元どおりの体に戻れたわけではありませんでした。ご主人は建築会社の営業活動に関わる仕事に長年従事し、忙しいためか、ご自分の健康管理は今ひとつだったようです。

同じ病原体でも入り込んだ体の状態によって、増え方は大きく変わります。先ほどの奥さんは病原体を体の中で増やさない十分な免疫機能があったと考えられます。一方、ご主人の体は入ってきた病原体が思う存分増殖できる環境で、一カ月以上にわたってなされるがままになってしまったと言えるでしょう。

医療スタッフの活動と苦悶

新型コロナウイルスは名前の通り新規の病原体なので、医療機関においても、各方面から発信されるさまざまな情報を収集しながら、その時点で最良と思われる方法を模索しつつ対応しています。行政や学術団体からの指針的なメッセージには、必ずと言っていいほど、「各地域の実情に合わせて」という文言が入っていて、要は「確定的なことは誰もわからないので、各地域でそれぞれ考えて下さい」ということです。実際、流行の度合い、地域住民の年齢構成、医療物資の調達状況などが地域ごと、医療機関ごとに大きく異なるので、日本全国、世界全体で一律の方策を取れるものでもありません。また、ウイルス自体も、伝播を繰り返すうちに変異を繰り返していて、二〇二〇年初期の流行早期に示された対応指針が、そのままいつまでも最適な指針であり続けると考えることもできません。以下の記述は、二〇二〇年八月末時点の著者のエリアの状況としてご理解ください。

診断から収容、治療、退院までの流れ

新型コロナウイルス感染症が疑われる症状が出ている場合、あるいは陽性者と判定された人と濃厚接触があった場合は、PCR検査か抗原検査を受けることになります。鼻から長い綿棒を入れて、鼻の奥の粘液を取るのが一般的ですが、それが難しい場合は唾液を多めに取って代用することもできます。唾液の方が感度は少し下がると言われています。同時に肺のCT撮影を行ない、肺炎があるかどうかも調べることが多いですが、この時点では必須ではありません。

検査で陽性となると、基本的には入院して隔離状態に置かれますが、陰性であっても、数日後に陽性となることもありうるので、数日間は自宅待機などが要請されます。陽性者として入院する場合は、通常の外来とは異なった通路を使って、他の患者さんと接することがないように病室に案内されます。病室は個室または、新型コロナウイルス感染症患者さん専用の相部屋で、他の病室に空気が流れ出ないように、部屋の空気の圧力もしくは空気の流れが調整されています。

病室では症状に合わせて治療が行なわれますが、ほとんどの人は無症状か軽症なので、安静にしているぐらいで退屈な時間を過ごします。発熱がある場合は解熱剤が処方されますが、これは

一般的な風邪における対症療法と同じです。病院スタッフを介した二次感染、院内感染を発生させないため、病院でも必要度の低い処置はしないようにしています。ですから、やたらに採血したり、点滴をしたりはしません。また、病院スタッフは体に直接触れたり、咳や激しい呼気で飛沫を浴びないように、帽子、フェイスシールド、マスク、ガウン、二重の手袋などを装着しています。マスクは繊維の網目の細かいN95マスクを使用します。N95は米国NIOSH（National Institute of Occupational Safety and Health）の基準で、直径〇・三ミクロンの試験粒子を九五パーセント以上捕集できる性能を表わしています。患者さんが触れた紙やペンにも触れないように細かい注意もしています。大変なのは認知症のある患者さんで、病院スタッフが注意をしていても、抱きつかれたり、マスクを引きはがされそうになったりします。認知症の患者さんは環境が変わるとせん妄状態になることもあるので、やむを得ない場合は鎮静薬を使用することになります。

部屋の空気を呼吸していて、本来九五パーセント以上はあるはずの動脈血酸素飽和度が九〇パーセント程度まで下がるようであれば、マスクによる酸素投与が行なわれます。ほとんどの患者さんはここまでの治療で時間とともに回復し、一、二週間のうちに退院していきます。毎分一〇リットルの酸素をリザーバーと呼ばれるバッグのついたマスクで呼吸しても、酸素飽和度が保てなくなった場合、呼吸苦が強くなって苦悶状態になった場合、血圧や脈拍が不安定になった場合などは、人工呼吸器による呼吸補助やＥＣＭＯ装置よる体外での血液酸素化で生命を維持することになります。

こうした機器を使用する際には、麻酔薬や筋肉の動きを止める筋弛緩薬が使用されます。ウイルスが大量にいるのどの奥に人工呼吸のための管を入れる操作や、太い血管にＥＣＭＯ装置に血液を流すカテーテルを挿入する操作は、医療従事者にも大きな感染リスクとなるので、熟練したスタッフが防御具を確実に装着して担当します。この段階まで病状が進行しても、肺の回復能力が残っている患者さんでは、かなりの確率で救命することができます。

重症化した患者さんも、段階的にＥＣＭＯ装置からの離脱、人工呼吸器からの離脱が図られ、おおむね一、二カ月の経過で回復していきます。しかし、人工臓器の使用中は自分の筋肉をほとんど使わないので、筋肉の力がどんどん弱くなってしまいますから、自立するまでには呼吸に使う筋肉、食べ物をうまく飲み込むための筋肉、そして立って歩くための筋肉とたくさんのパターンのリハビリテーションに取り組まなくてはなりません。また、経過が長くなると、新型コロナウイルス以外の感染症を併発したり、血栓症などの循環器系の合併症を起こしてくることがあります。ウイルス肺炎の治療と合わせて、さまざまな対応が必要となってくるので、病院の集中治療室では複数診療科の医師が病状を見極めながら、多様な選択肢を検討していくことになります。

症状がなくなり、検査でも新型コロナウイルスが二回続けて検出されなくなれば退院となります。しかし、感染性がなくなってもウイルスの死骸などが鼻の粘膜に残っていて、いつまでもＰＣＲ検査が陰性にならない例があることが報告されるようになり、現在は二回続けて陰性とならなくても、その他の基準を満たしていれば退院が許可されるようになっています。

もともと仕事をしていた人では退院時に問題が起こることはほとんどないのですが、高齢者でリハビリテーションが長期にわたって必要になる場合は退院先を決めるのに大変苦労します。新型コロナウイルス感染で入院した人は自施設に入れたくないという介護施設側の社会的状況がある上に、ご家族も「自宅では面倒が見られない」、さりとて「もともと入居していた施設では心配だ」など、病院の事務担当者ではなかなか調整しきれない要望が噴出します。残念ながら救命できなかった場合は、病院から直接火葬場に向かうことになります。その際には、ウイルスが外部に漏《も》れないように特殊なバッグにご遺体を収容し、ごく限られた親族のみの立会いのもとで火葬が行なわれます。

病院での受け入れ態勢の整備と維持

新型コロナウイルス感染症の対応にあたる医療機関では、受け入れの体制つくりにも大変苦労しています。もともと結核等の感染症の患者さんの治療にあたっていた感染症指定医療機関などが中心となりますが、それぞれの病院の該当する病室数は限られており、二〇二〇年の二月以降に問題となったのは、指定医療機関内での対応病床の増床と、もともと指定医療機関でなかった病院での病床確保でした。中国の武漢では一〇〇〇床の病院を十日あまりで新築して世界中で話題になりましたが、日本では重症者が少なかったこともあり、ホテルを無症状者、軽症者用に確保しました。

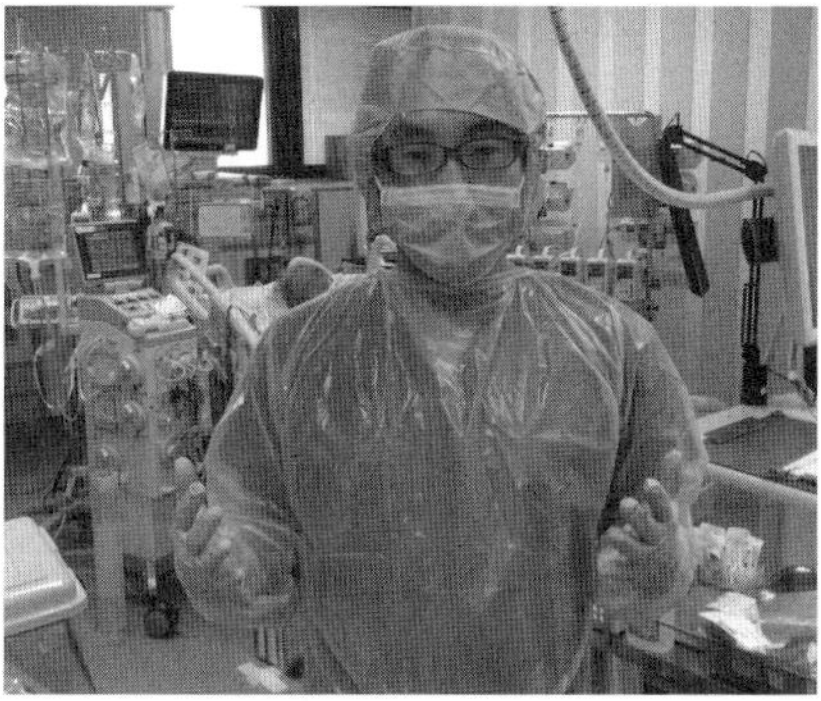

感染リスクの高い処置を行なう場合、防御具を組み合わせて感染防御を行なう。処置者の体表（特に粘膜面）を確実に覆うようにする。

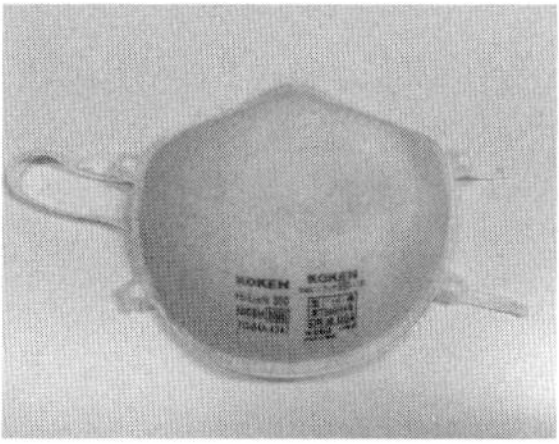

感染リスクの高い処置を行なう医療スタッフは、目の細かい繊維でできたマスクで鼻と口をぴったり覆う。マスクの周囲で空気漏れがないかも確認する。

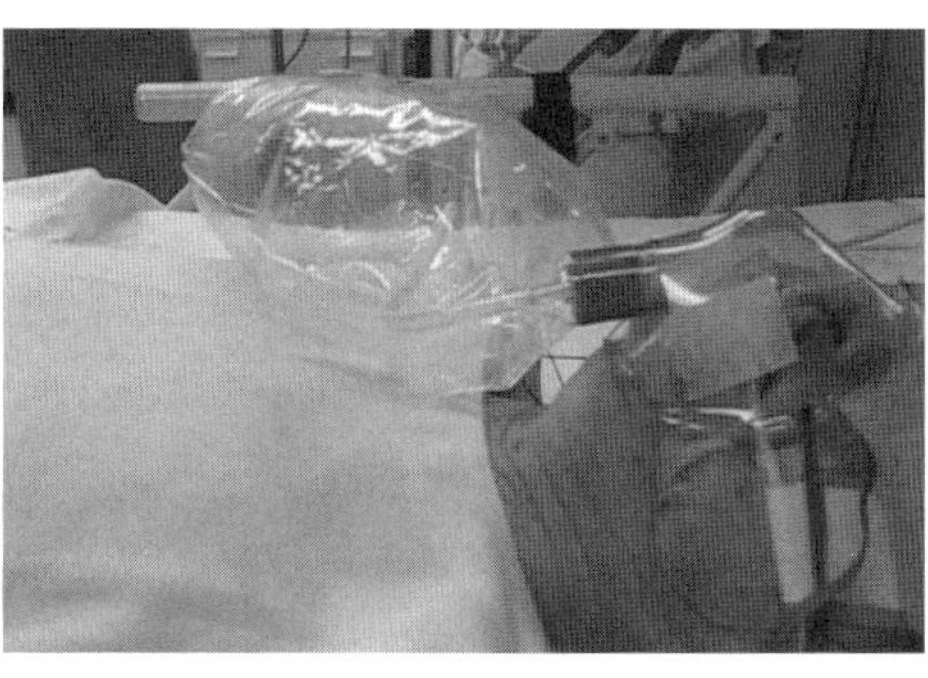

高濃度の酸素を袋のついたマスクで投与する。袋はリザーバーと呼ばれ、息を吸っていないときに流れてきた酸素を次の吸気で吸い込ませる際に効果を発揮する。

筆者の地元でも、感染拡大当初は、重症患者を診療すべき病室にテレビを見ながら食事をしている患者さんが入室していたりして、各病院のスタッフは困惑しました。

病室の確保と合わせて、感染者の同時多数発生で苦労するのは感染防御具の確保です。マスク不足は有名になりましたが、実際のところ、政府からも数の限られたN95マスクを洗って再利用することなどが提案されました。ガウンやフェイスシールドも不足した時期があり、病院スタッフがホームセンターに雨合羽やクリアファイルの大量購入に走ったという笑えない話は全国のあちこちで耳にします。薬剤や医療器具も通常の病院備蓄が保てなくなることがありますが、こちらは使用量の急増というよりは、生産国からの流通の停止が主な原因です。ウイルスの短期間での全世界への拡大と同様に、ある国の工場の操業停止や流通の障害が全世界に影響を及ぼすのが現代社会の特徴です。

場所や物資が確保できても、働くスタッフを確保できなければ診療は成り立ちません。普通の人々が新型コロナウイルスの感染を恐れているのと同様に、病院スタッフも毎日のメディアの報道にさらされているので、心中穏やかではいられません。病院という感染者が出入りする可能性が高い場所で働いていること自体に不安を感じる人もいますから、その中から、感染者の担当者を発掘するのが容易でないことは想像がつくことと思います。幸いなことに、医療関係者は他人の命を救うために自らをリスクにさらすということ自体には前向きで、そうしないことで後ろ指を指されたくないという自負もあります。しかし、スタッフ間に「どうして私だけ、他の人ではないの」という感情は起こります。結局のところ、多くの医療機関では、組織の立ち位置を強く認識しているベテランスタッフが数人でチームを作ったり、診療科平等にローテーションを組んだりして、診療担当者を捻出しています。ただし、重症な呼吸不全患者に対する治療手段に精通した医師や看護師、臨床工学技士は限られているので、各病院の集中治療室のスタッフは、これこそ本領発揮の出番と捉えて頑張っています。

感染者の診療にあたるスタッフは、医療行為以外でもさまざまな配慮が必要になります。スタッフに感染が起こってしまうと、濃厚接触者は全員二週間程度業務を担当できなくなるので、診療そのものがストップしてしまいます。収容済みの感染者も他院に転院させたりしなくてはなりません。そこで、スタッフ同士が濃厚接触とならないように、マスクを外す食事の時間帯は他のスタッフと離れた場所で、壁を向いて孤独に食事をすることになります。苦労話のおしゃべりもご法度です。仕事中の感染防御は確実にしているので、通常以上に感染リスクはないと言っても、病院外での視線はそれほど温かいものではありません。スタッフの家族ですら、勇敢に仕事を遂行してくれていて凄い、偉いと褒めてくれるわけではなく、家の中でも少し浮いた存在になりがちです。家族に不安を与えたくないと、自主的に勤務地近くのホテルから通勤している病院スタッフも少なからずいると聞いています。感染の収束には集団免疫が必要となりますが、人々のメンタルな順応という集団免疫も早く獲得されることを期待します。

各種ガイドラインと立ち位置

新型コロナウイルス感染症の拡大防止を図るために、日本では二〇二〇年四月七日に埼玉県、千葉県、東京都、神奈川県、大阪府、兵庫県及び福岡県に緊急事態宣言が政府から発出され、同月十六日には他の道府県についても対象が拡大されました。罰則規定はないものの、営業活動や人々の移動の制限が指示されています。そして、緊急事態宣言が解除される五月二十五日前後から、各業界団体、スポーツ団体からさまざまな活動再開時の注意事項、ガイドラインが発出されています。登山関係も複数の団体が一般登山者や山岳ガイド、山小屋関係者等に向けて情報発信しています。基本は同一ですが、団体ごとに微妙なトーンの違いはあります。これは、各団体の組織構成や情報提供先が異なるためで、関係者への多様な配慮が反映されています。以下に私が地元向けに作成したものを紹介し、合わせて、私の所属する全国団体が作成したものに記された追加的事項を要約します。

「健康登山」の再開

薬や医療機器、介護器具が効果を発揮するのは、性質が解明されたウイルスや細菌、通常の生活で出会う可能性の高い障害、メカニズムのわかっている病気に限られます。新規に発生するウイルスや薬剤耐性を獲得した細菌に対しては効果的な薬は存在せず、普段、便利で快適な生活環境に甘んじている現代人は、体を張って日々生存のために格闘していた有史以前の人々より、むしろ対応能力において劣るとも考えられます。今回の新型コロナウイルスのパンデミック禍においても、しっかりとした健康管理、几帳面な疾病予防のみが未知の疾患に対しての防衛策となります。

新型コロナウイルス対策として、人が密集した環境、換気の悪い環境、緊密な面談等を避ける（三密を避ける）ように指導されています。しかし、活動制限が長期間となるに至り、映画館ダメ、カラオケもダメ、トレーニングジムもダメと、それぞれの愛好者にはストレスの蓄積の方がウイルスよりも体に悪い可能性すらあります。そうした中、注意事項を守った運動は血栓症予防や体の抵抗力の維持の観点からも取り組むべき、という判断になりつつあります。

登山についてはどのように考えたらよいでしょう。ひとけの少ないエリアでの山歩きは、人から人への感染症伝播に関しては安全度が極めて高いといえます。登山で活動する屋外環境は三密とは正反対で、吐いた空気はすぐさま遠くに吹き流され、人には滅多に合わず、大声を出しても聞こえる人もいないという感染対策的にはバッチリな環境です。混雑する公共交通機関の利用を避けなくてはいけないので、登山口までの移動に制約が生じますが、マイカーなどで自宅から登山口まで往復できれば、交通機関でのリスクを回避することができます。

登山でも例外的に感染リスクが高まるのは、他県からの訪問者が少なくない人気のある山の山頂、展望台、狭い閉鎖空間に人が集まってしまう山小屋内などです。こうした場所での滞在は最小限の時間として、気象条件の整った日に、何度も歩いたことのある里山で、無理のない身体負荷で登山活動を継続することは、心肺機能の強化、血栓症防止、糖尿病予防、免疫力強化などを通じて感染に強い体づくりに貢献します。もちろん、自宅での日々の運動と合わせて屋外での運動を行なうことが健康増進のポイントとして重要です。

登山における感染対策の要点は以下の通りです。

1・屋外活動前に必ず体温をチェックして、平熱以上に熱がある場合や風邪の症状、体調不良があるときは活動をやめましょう。そして、活動前後にはしっかりと手洗い、うがいをしましょう。帰宅後はしっかりとシャワーと石鹸で汗や汚れを流しましょう。

2・活動エリアは通い慣れた近距離圏に限り、道路からあまり離れないコースを選択しましょう。また、活動計画をしっかりと立て、周囲の人にも知らせておきましょう。また、人気のエリアを避けて地味な里山で活動しましょう。

3・自宅屋内やその周囲での日々の運動と、ときどきの登山をセットにすることで健康増進を図りましょう。活動中も体調の変化などを記録して、健康管理の参考にしましょう。

4・活動は単独か身近な二〜三人として、複数人で活動するときは視界から外れない程度に距離を開けましょう。人気のある山の山頂、展望台での滞在は短時間にとどめ、次の登山者が到着しそうになったら、次の場所へと向かいましょう。

5・天候が安定していることを確認し、時間に余裕をもって活動しましょう（人の少ない早朝などがお勧めです）。基本的に屋外のみで活動し、狭い閉鎖空間に人が集まってしまう山小屋内などでの長時間滞在は避けましょう（もし山小屋などに立ち寄る場合は、市中での屋内滞在時の注意事項を厳密に守りましょう）。

6・活動中はマスクやバンダナ、手拭いを使ってエチケット対策をしましょう。もし山中で人と会ったら、十分に距離を保って挨拶しましょう。

7・運動負荷量は抑え目にして、体力維持のレベルに留めましょう。

8・医療機関や消防機関に決して迷惑をかけないように、道迷いを含め救助要請とならないための注意を徹底しましょう（ケガをしたら這ってでも自力で下山しましょう！　少なくともその程度の覚悟がない人は山に出かけてはいけません）。

日本登山医学会と日本山岳四団体の提言

日本登山医学会は二〇二〇年六月九日に「新型コロナウイルス感染防止と登山について」を団体ホームページに掲載しています。こちらは、各所の山小屋に設置された山岳診療所を支援する立場から、山小屋の運営等も勘案した詳細な保健・衛生的事項を記載しています。また、日本山岳スポーツクライミング協会はスポーツ庁を通じて二〇二〇年六月十日に「登山再開に向けてのガイドライン」を公表しました。会の構成上、スポーツクライミングの練習、大会運営に関するガイドラインも別に準備されています。いずれの指針にも前記の注意事項と同様の内容が記されていますが、以下のような追加的事項も併記されています。

＊登山前二週間に感染多発地域への訪問予定や、訪問歴がないか確認して下さい。

＊登山中に不調を感じたときに、すぐ予定の変更ができるようエスケープルートを確保するなど、いつも以上に安全に配慮した計画を立てて下さい。

＊登山対象地域は、人口も少なくコロナウイルスとも無縁で、医療施設へのアクセスも悪いことから、外部から感染源を持ち込まないことが大切です。

＊感染多発地域からの、あるいはそれらの地域を通過しての登山については再考をお願いします。

＊グループで登山する場合も少ない人数のパーティを心がけ、最大でも十人以下の人数に限定しましょう。

＊リーダーはメンバーの体調に問題がないか事前にも、行動中にも確認しましょう。

＊ツアー登山の場合は主催者が参加者の体調や事前の行動状況をチェックし、体調や事前の行動に

不安のある方は登らせないことをお勧めします。
＊マスクを着用したまま行動できるレベルの登山を心がけてください。
＊時速四キロの歩行では五メートルの距離が必要で、より速くなればさらに離れる必要があります。
＊飲食時には周囲の人となるべく距離をとって、対面を避け、会話は控えめにすること。飲み物の回し飲み、食べ物の授受・共有はやめましょう。
＊自力下山可能であれば救助要請は控えていただきたいと思います。ただし、コースタイムの二倍程度まで時間を要する場合は、救助要請も止むを得ないと考えます。
＊山小屋やテント場を利用する際には事前に管理者に連絡し、運営状況を確認しましょう。
＊山小屋を使用する場合は、必ず山小屋従業員の指示に従い、おおむね二畳に一人程度の距離を保って下さい。
＊小屋宿泊でも寝袋やインナーシーツ、消毒用アルコールを持参しましょう。
＊下山後に感染の症状があれば、地元の相談窓口に相談し、利用した山小屋へも連絡して下さい。

指針とガイドライン

マニュアルやガイドラインには確率の高いこと、普通の人のことしか書けません。可能性のあるすべての状況に対して、行動方法を示すことはほぼ不可能です。例えば、気象条件の急変でも小屋の外で低体温症のリスクを抱えながら震えているのがよいのか、感染症のリスクはあっても、感染症の伝播確率は高くないこと、発症は数日以上後になると想定されること、感染してもほとんどの人は無症状か軽症であることなどを思い巡らせて小屋に入るのがよいのか、そのときの状況に応じて自分たちで最適な方法を考える必要があります。日本人は几帳面で「お上」からの指示に従順であること、自律性よりは権威、慣例依存的であることなどから、ガイドラインや指針なるものに事細かに記載があることを望む傾向がありますが、諸外国ではむしろ考え方や大枠だけを示して、細かいことは例示を参考に自分で考えようという視点のようです。かなり事細かに記述されている前記の各ガイドラインに関しても、そうした限界を考えながら参照するスタンスが大切です。

社会の反応と登山者の視点

この原稿は二〇二〇年七月、新型コロナウイルス感染が再拡大している最中に書いています。東京都の感染者数は毎日三桁の数字となり、「この状況で社会活動を拡大してよいのか？」と連日にわたり報道されています。歴史上例を見ない大惨事の様相で、人々の不安をかきたてるメッセージがネットメディアを通じて一日に何度も更新されています。しかし、ウイルスや細菌の感染症とその蔓延は、人類の歴史の中では数年ごとに起こっていることで、それ自体は特別な現象ではありません。ノロウイルス、ロタウイルスなどの食べ物からのウイルス感染、大腸菌Ｏ－１５７による食中毒などは、重症になった小児や高齢者、集団感染の事例がニュースとなりますが、こうした感染症はニュースにならないレベルで非常に多くの人が罹患しています。ワクチン接種が高齢者に推奨されている肺炎球菌をはじめ、緑膿菌、MRSA（抗生物質に耐性を獲得した黄色ブドウ球菌）などによる肺炎は、現在でも高齢者の死亡原因の主要なものですが、これらの感染症もニュースにはなりません。いずれの病原体も元気な若年者では発症もしないか、症状が出てもほとんどの人が回復しますが、免疫機能が十分でない高齢者や持病を持つ人では命に関わります。今回の新型コロナウイルス感染症の場合も全く同様です。

インフルエンザも以前はワクチンや特異的な治療薬がなく、流行期には多くの人が感染し、その一部では重症の肺炎や脳炎にまで病状が進展し命を落としていました。インフルエンザウイルスは毎年流行するタイプや抗原性が変わるので、ワクチンがあまり効果的でない場合は、現在の先進国でも命を落とす人が出ます。しかし、こちらも毎年のことであり、人々はそうした状況に順応してしまっているので、ニュース性が失われています。

人々が感染症と闘ってきた歴史は特別なところに行かなくても、日本国内のあらゆる集落で確認できます。道端で見かける道祖神は、疫病の病原体が自分たちの集落に入りませんようにという人々の願いを表わしています。京都八坂神社の祇園祭りは、都に疫病がはやったときの疫病送りが発祥と言われています。八坂神社の前身である祇園社の祭神は牛頭天王《ごずてんのう》で、疫病を起こす力があり、お祀りすると疫病を除けるご利益があるとされています。

著者の地元である群馬県の山には、疾病治癒を祈願したことを窺わせる「薬師」の文字を含む石碑がいくつかの山に建てられています。病難を癒し、禁厭を司る霊妙神を祀った霊神石碑も各所で散見され、榛名山・相馬山には十を超える霊神石碑や地蔵像が確認できます。この山麓では疫病や乳幼児死亡に悩まされた時期が繰り返しあったことが想像されます。山を歩く、礼拝する、滝に打たれる、坐禅をするなど、体を使った実践修行を行ない、自然の聖なる力、超自然的な神仏の力「験」を修めた修行者は「修験者」と呼ばれ、全国の山々で活動していたと言われています。里に下りての護摩焚き、雨乞いや病気平癒の加持祈禱、衆生の願いに応えるための活動も重要な任務でした。榛名山にはこうした修験者が多くいたようで、榛名山麓の修験道寺院長見寺では、修験道が廃された後も、本山派の修験宗寺院として宗教活動を継続していました。その収蔵書には「諸秘法作法之大事」、「牛頭天王宮祭文」、「病者祈祷観」、「死霊退散当病平癒」、「修験道極秘分七通聞書」、「験者作法」など病疫退治の呪詛の文言を含んだものが複数残されています。

こうした歴史的な観点に立って、今回の「新型コロナウイルス感染症」の特徴を挙げるとすれば、感染症そのものが特殊であるわけではなく、広範囲に短時間で多くの人が移動する社会、玉石混交の情報が一瞬で世界を駆け巡る情報網、大多数の人が情報端末を所持して常時情報に接している生活環境など、病原体を受けて立つ社会の変容かもしれません。感染症蔓延に対する社会システムや個人の挙動が旧来とほとんど変わっていないことは、一九四七年に出版されたカミュの小説『ペスト』に記された現象と、今回の社会現象が基本的には変わらないことからも理解できます。

短期的収益性の追求を使命とする企業と、その後押しで税収や雇用を確保せざるを得ない行政システムでは、平時における最大限の効率化、マニュアル化が「善」と判断されます。滅多に起こらない災害や「未知」の事象への対応に備えて資金や余剰労働力を確保しておくことは難しくなっています。現代社会では、システムも個人のメンタルも非日常に対して脆弱になっているかもしれません。

こうした社会状況においても、〝山ヤ〟はあまりあわてないで済むかもしれません。自然災害に見舞われ、電気や水道、通信手段などの社会のインフラが停止してしまったとき、山に数日出かけたときのモードで何日かやり過ごせば、情勢は落ち着いてくると想像できるからです。沢や川の水を汲んできて砂を沈殿させ、沸かしてから使う。燃料は枯れ枝を集めてきて石を積んだ即席かまどで調理する。テントや小屋掛けで雨露をしのぎ、重ね着で防寒を図るなど、いずれも山の生活そのままです。感染症蔓延状況でも同様です。広大な山中に数人しか登山していない山では、人から人への感染症伝播はまず考えなくてもよいでしょう。ヤブ山のテント泊で気をつけたいのは野生動物からのダニを経由した感染ぐらいです。どのような状況においても、登山者は基本的な注意さえ払えば、自信を持って活動してよいと思います。もちろん、かつての修験者と同様に、里の人々に災いをもたらさないこと、山ノ神に五穀豊穣や悪疫退散を祈願することを忘れてはいけません。

第2部

感染症に強い体

免疫力を上げるための体の基本

事例から判断できる免疫力

人間が集団生活を始め、社会現象を記録し始めた当初から、ケガや感染症を中心とするさまざまな疫病は人々の悩みの種として洋の東西を問わず記されています。野生動物と格闘した際の外傷、寄生虫・細菌・ウイルスなど多様な病原体により動物から人へ、人から人へと伝染する病、突然わけのわからないことを叫び出して息絶える謎の精神病など、当時の人々には鬼の仕業としか思えない疫病が人々の生命を脅かしていました。感染防御の方策もなく、薬もない時代、人々にできることは神に祈り、根拠のない施術を繰り返すことぐらいでした。しかし、病の床から奇跡の復活をする人は少なくなく、また、伝染病で村が全滅することは滅多にありませんでした。多くの犠牲者を出しながらも生存者を残し、種族を存続させた記録が各地の石碑などに刻まれています。周囲の人が死神に取り憑かれていると判断した病状から復活した人、次々に伝染病で倒れていく人々の中で生き残った人と、残念ながらそこで人生を終えた人の違いはどこにあるのでしょうか。ひと言で言えば、強靭な体力（筋力ではなく、重要臓器の生きのよさや再生能力）と感覚的に習得していた賢い挙動（具合の悪そうな人と濃厚な接触をしないなど）、そして運のよさなどが差を生じた原因と考えられます。具体的なふたつの症例を紹介しますが、感染症の例は第一部で紹介したので、以下には心臓発作の例を紹介します（実例から科学的に意味のある情報を抜粋し、物語として改変してあります）。

生還した心臓発作と人生の終止符を打ってしまった心臓発作

激しい運動の開始時には筋肉だけでなく、多くの臓器で酸素や栄養の必要量が増えるため、それらを供給するために血液の循環を多くしなくてはならなくなります。血液を全身に送り出す臓器である心臓には急激に負担がかかります。当然、心臓自身も酸素や栄養をたくさん必要とするので、心臓の筋肉を栄養する血管、冠状動脈の流れのよさが、対応できるかどうかのポイントになります。普段の生活では不自由を感じていなくても、少し速歩きを続けると、あるいは階段を登ると、胸が重苦しい、動悸が激しい、と感じるようだと危険信号です。病院でも大きな手術の前に負荷心電図という、坂を登りながらの（傾斜をつけたウォーキングマシンで通常行ないます）心電図を測定します。この検査で異常が出ると、手術をしても手術の傷を回復させる体力がないかもしれないという判定になります。心臓の予備力を推測する検査です。

普段から山登りをしていると、そうした病院の検査を受けなくても心臓に予備の力があるのかわかります。山を歩いていて運よく早期に心臓の異常を発見できた例、逆に普段山を歩いていない人が突然山を歩いていて帰らぬ人となった例を紹介しましょう。

六十五歳の吉田さん（仮名）は若い頃から山歩きが大好きで、大学生時代には海外の山も経験した熟達者です。しかし、仕事を始めてからは運動する時間がなかなか取れず、登山からも遠ざかっていました。定年退職して時間が取れるようになったので、近くの標高二〇〇〇メートルぐらいの山から登山を再開しました。最初は歩くと筋肉痛になるだろうとペースをかなり控えて歩くようにしていましたが、少しずつ昔の感覚が戻ってきて、歩くスピードも上げられるようになってきました。しかし、登りのきついところになると妙に胸から肩のあたりが重苦しくなったり、脈が急に速くなったり飛ぶことがあることに気づきました。そうした時間が数分続くと吐き気がしたりします。これはまずいと思い、あるとき、下山した翌日に病院に行き、検査を受けました。その結果、心臓を栄養する冠状動脈に狭い場所が複数あることがわかり、カテーテル治療で狭くなった部分を広げ、当面狭くならないようにとステント（血管の中で広がる筒状のメッシュ）を置いてもらいました。血管の狭いところで血の塊ができないようにと、血小板の機能を下げる薬（血液サラサラ系の薬）を飲むことになりましたが、格闘技系のスポーツ以外は制限されなかったので、公園散歩から山歩きへと数カ月で活動を元に戻すことができました。幸い、その後は登り坂もあまり苦にならずに歩けます。年に一回心臓の検査を受けていますが、その後数年間血管が狭くなることもなく、血

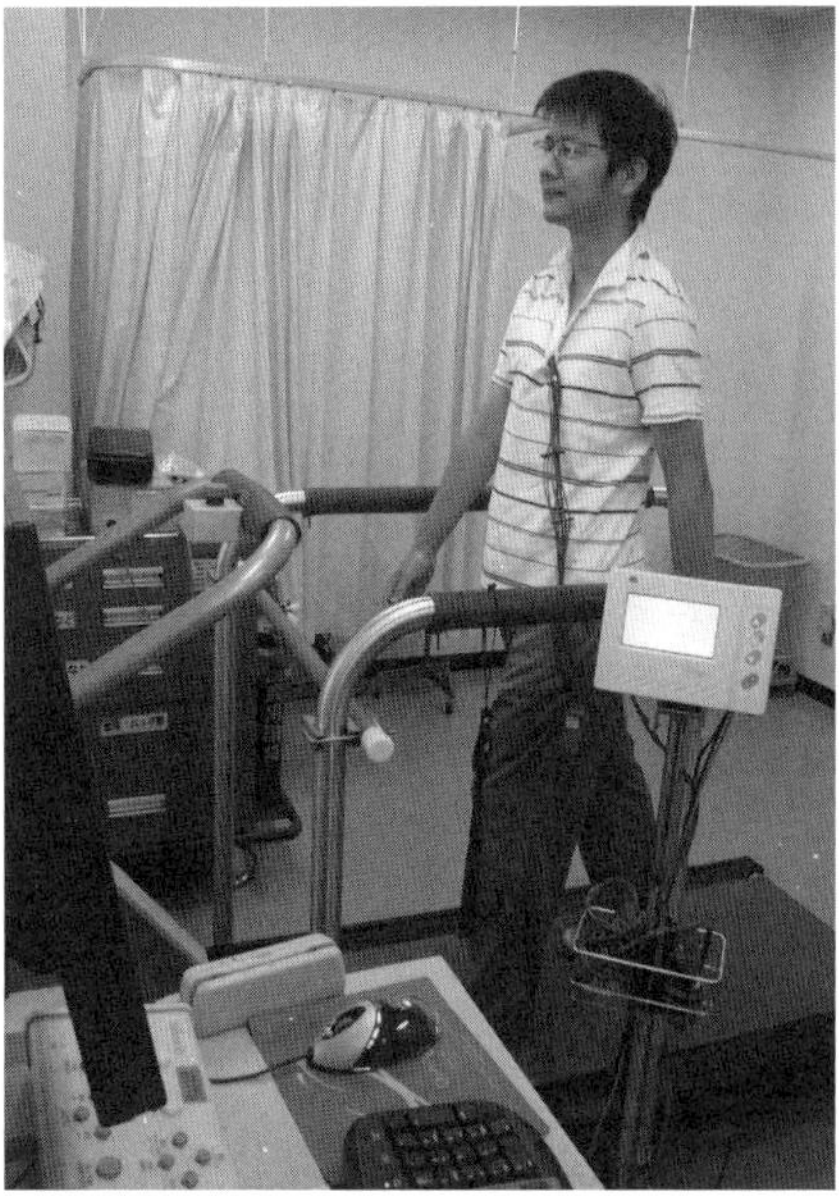

坂を歩きながら心電図を測ると心臓の予備能がわかる。病院では5パーセント程度の角度をつけて歩く速度を調節しながら血圧や心電図の形の変化を記録している。

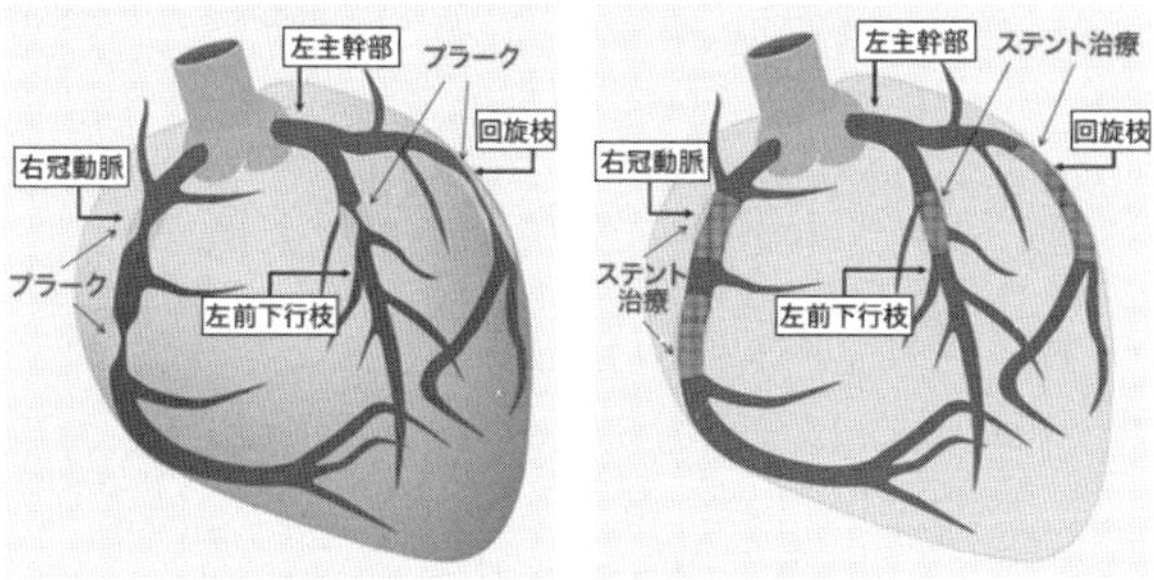

狭くなった心臓の栄養血管を冠動脈ステントで広げる治療が広く行なわれている。複数箇所が狭くなっている場合は、ステントも複数留置する。

圧や血糖の異常もありません。心臓の処置をきっかけに、運動習慣の継続と合わせて栄養指導に従った食生活に改変したのも効いているようです。

今度は不幸な事例です。六十一歳の竹中さん（仮名）は学生時代、強靭なスポーツマンで数々の大会でよい成績を残しました。商社に入社後は体育会系らしく昼夜を分かたぬモーレツ社員として営業活動に励み、この春めでたく定年退職を迎えることができました。営業マンにはありがちですが、竹中さんも健康診断受診や健康管理のための運動には消極的で、検診は数年に一度催促されて受ける程度で、検診結果から医療機関の受診を勧められても、そのまま放置していました。それでも若い頃の優秀なスポーツマンのイメージは脳裏に焼きついていて、なんとなく自分の体力、疾病への抵抗力には自信を持ち続けていました。そこで定年後の初夏のある日、数日前にテレビで紹介されていたツツジが見頃の低山を登ってみようと思い立ちました。歳を経て、若い頃と同じとは言わないものの、普通の中高年よりは余裕を持って低山ぐらい登れると予想していました。

午前七時、七十歳を超えていると見える高齢登山者がゆっくりと登り始める姿を見送りながら支度を整えます。いくら坂とは言え、あそこまで遅く歩くこともないだろうと思いつつ自分も出だしの急坂に取り付きました。登り始めると息がどんどん上がってきましたが、後ろから女性登山者がおしゃべりしながら近づいてきたので、一段上の景色のよさそうなところまでは追い抜かれないように登ろうと頑張りました。歩き出しから二十分、なんとか展望のきく地点に到着し、荷物をどかっと下ろした瞬間、胸が苦しいと感じるが早いか意識を失ってしまいました。

竹中さんは通りすがりの登山者の救援要請で飛来した防災ヘリコプターに吊り上げられ、山麓の総合病院に搬送されました。病院到着時には心停止の状態で、心臓マッサージをはじめとする蘇生処置を受け、いったんは心臓の動きが再開しました。心筋梗塞の可能性が高いと診断され、心臓のカテーテル治療を受けましたが、心臓へのダメージは大きく、人工心肺装置で一週間はねばったもののの、そのまま心臓の機能が戻ることはなく、帰らぬ人となってしまいました。

これらの例はいずれも典型的な心臓発作です。登りがキツくなると、筋肉はたくさんの酸素やエネルギーを必要とします。そのため、心臓は普段よりもたくさんの血液を筋肉やエネルギー産生に関わる組織に送り出さなくてはなりません。心臓の収縮力に余裕があれば、一回の収縮ごとに送り出す血液を多くします。しかし、それだけでは十分でない場合、収縮する回数を多くして、単位時間、例えば一分あたりの心拍出量をかせぎます。しかし、回数でかせごうとすると、心臓の筋肉が緩む時間（拡張期）が短くなってしまいます。心臓の筋肉に栄養を与える血管（冠状動脈）は主に拡張期に血液を流すので、拡張期が短くなると心臓そのものへのエネルギー供給が減ってしまうのです。狭心症の人では、もともと冠状動脈が狭くなっている場合がほとんどなので、このような心拍数の増加の際には、極端に心臓の筋肉への栄養供給が減ります。運動して脈が速くなると胸が重苦しくなる、胸から肩にかけて痛みが起こるなどが典型的な労作性狭心症の症状です。

胸の痛みだけで元に戻り、賢明に医療機関を受診して冠状動脈の狭い部分を広げてもらうことでことなきを得たのが吉田さん、そのまま狭くなった血管が詰まってしまい、心臓の筋肉への酸素・栄養の供給が止まったままになったのが竹中さんです。二人の分かれ目は、徐々に運動の負荷を上げていって、自分の体の予備力を確認しながら活動したか、予備力の乏しくなっている体にいきなり大きな負荷をかけてしまったかの違いです。予備力を超えた負荷がかかると、心臓の筋肉は正常に働くことができません。心臓の筋肉に酸素や栄養を届ける冠状動脈が完全に詰まり、心臓の筋肉が死んでしまう場合を心筋梗塞と呼びます。こうならないためには、普段からの健康管理と、症状を感じたときに、それ以上無理をしない心構えが必要です。この二例は、中長期的な健康増進活動と短期的な賢い挙動が健康長寿には重要なことを示唆していると言えるでしょう。

第一部では、新型コロナウイルス感染症を例にとり、感染症に対する抵抗力について紹介しました。そこでは、「免疫機能」、「免疫能」、「免疫力」という言葉が使われますが、一般の方がよく使われる「免疫力」という言葉は医学用語ではなく、「外界から体内に入ってくる病原体を除くためのさまざまな機能を含む総合的な体力」という意味で使われるようです。そこには白血球やリンパ球などの病原体を取り込んで消化してしまう細胞の能力や、免疫グロブリンを産生する能力、粘膜面の繊毛運動や咳、消化管の蠕動亢進《ぜんどうこうしん》などで物理的に病原体を吐き出す能力、病原体で破壊された体の部分を修復する能力など多様な体の機能が関わっています。

こうした「免疫力」は薬を飲めば獲得できるものではなく、長期にわたる生活習慣で獲得するものです。薬が効く病原体は地球上にあるさまざまな病気の原因の一部に過ぎず、病気にならないためには、あるいは、なってしまっても確実に回復するためには、自分自身の体の力を充実させておくしかありません。今のように効果の証明された薬や医療技術のない時代にも、健康長寿を満喫された先人はたくさんいらっしゃいました。そうした方々はただ運がよかったばかりでなく、病気や障害に対する抵抗力を獲得していたと言えるでしょう。こうした病気や障害への抵抗力はムキムキの筋肉を必要としているわけではありません。むしろ体の表面からは見えない、内臓の細胞やそれを支える結合組織の生きのよさが大切です。

あなたの体をチェックしてみよう

体の抵抗力を強化するための登山を考える前に、現在のご自身の体の状態をチェックしてみましょう。医療機関にあるような高価な機械を使わなくても、おおまかな体の力は推定することができます。いくつかの簡単な指標を紹介します。

太り過ぎ・痩せ過ぎをチェックするＢＭＩ

身長が高ければ体重も重くなるのが普通です。身長と体重の関係から体型が痩せ過ぎでないか、太り過ぎでないかを判定するのがボディマス指数（ＢＭＩ）です。体重をキログラム、身長をメートルで表わした場合、「体重÷身長の二乗」がＢＭＩになります。日本肥満学会では、この値が二二を標準、二五以上を肥満、一八・五未満を低体重としています。ベルギーの統計学者ケトレーによって一八三五年に提唱されたものです。体脂肪が極端に少ない筋肉質の体型では肥満と判定されやすく、逆に脂肪太りで低体重の体型では痩せていると判定される可能性があります。しかし、計算が簡便なため成人の肥満度の指標として広く使われています。一方、学童を対象とした評価法として、ローレル指数があります。これは、体重をキログラム、身長をセンチメートルで表わし、「体重÷身長の三乗×10000000」で算出します。正常は一二〇から一三〇で、正常値より三〇以上多い場合を肥満、三〇以上少ない場合を痩せ過ぎと判定します。

一度ＢＭＩを計算したら、しばらくは体重測定だけすれば体型の変化は想像できます。毎日時間を決めて測定するのがお勧めです。なぜなら、体重はその直前の飲食や汗の出入りにも大きく影響されるからです。運動直後の体重減少は脱水のためであることが多いので、のどの渇きが癒《い》えて、尿の色が濃すぎない程度にまで回復したところで体重測定しないと、本当の体重への影響はわかりません。運動強度と運動中の水分補給の程度、運動環境の温度や湿度にもよりますが、一日フルの登山活動で、登山中に一リットル程度の水分補給を行なった場合、運動直後には二、三キロ体重が減っているかもしれません。しかし、この減少はほとんど水のロスです。その後、飲んだり食べたりしているうちに次第に体重は戻ります。味の濃いスポーツドリンクをたくさん飲んだり、豪華な食事を下山後に楽しんだ場合、電解質（特に塩分）の摂取過剰で体にむくみが出て、体重は増えます。結局、毎日あるいは毎週の決めた時間に測定して、変化を見ないと本当の体重が判断できません。

運動時の脈拍1（適切な運動時の心拍数）

脈拍は誰にも馴染みのある健康指標です。手の付け根の親指側に反対側の手の人差し指、中指をあてて時計の秒針を見ながら測ることが一般的ですが、首の脇、こめかみ、太腿の内側、足の甲など、太い動脈が皮膚のすぐ下を走っているさまざまなところで測ることができます。聴診器や耳を胸に当てると音で確認することもできます。

運動すると筋肉をはじめとする体の各部位で酸素や栄養の需要が増えるので、心臓は血液を送り出す量を、一回の収縮で送り出す量と単位時間あたりに送り出す回数の両方で増やそうとします。

心臓の血液拍出量＝一回の収縮で拍出する量×時間あたりの収縮回数

体重五〇キロの成人の場合、一回心拍出量は五〇〜六〇ミリリットル、心拍数は一分間に六〇〜一〇〇回が標準とされていて、これらを掛け合わせると、一分間の心拍出量として、三〜六リットルが標準的な範囲であることがわかります。登りの際も、一回の心拍出量を増やす対応と、単位時間あたりの収縮回数を増やす対応の両者で、血液輸送需要を満たそうとしますが、一回心拍出量は簡単に測定できないので、すぐに確認できるのは心拍数（脈拍）です。ちなみに、増やせる範囲には限界があり、一回心拍出量の増加率は一五〇〜一七〇パーセント、心拍数の増加率は三〇〇パーセントぐらいまでと言われています。一回心拍出量の増加は最大可能な運動の四〇〜六〇パーセント程度の運動負荷で頭打ちとなるので、それ以上の心拍出量増加は回数でかせぐことになります。個人ごとの心拍数の最大値は左の式で予測されるので、年齢が上昇すると最大心拍出量も下がってくることがわかります。ここで言う年齢は、若年者では暦上の年齢と差があまりないことが多いですが、年齢を重ねるうちに暦上の年齢と生物学的年齢の差が大きくなります。特に病気がなく、持続的な運動習慣などの健康管理で、生物としての（肉体的な）年齢が暦の年齢よりも若く維持できている人では、この式で引くべき数値が小さくなり、最大心拍数の低下が遅れます。

「最大心拍数＝ 220 − 年齢」という予測式

（いくつかの計算式が提唱されていますが、これが一番簡単な式です）

また、持久系スポーツの一流選手では一回心拍出量が二〇〇〜三〇〇パーセントになると言われています。これは、一般にスポーツ心臓と言われる心臓の容量の拡張と心臓の筋肉の肥大で、心臓が一回の収縮で送り出せる血液量が増加することを表わしています。運動選手の安静時の心拍数が少ないのは、少ない心拍数でも必要な血液量を送り出せてしまうからです。登山も、クライミングのハング越えなど一部の例外を除けば、持久系の運動ですので、若年時から登山で鍛えた人では、スポーツ心臓になり、一回心拍出量が増加している可能性があります。これは、安静時の心拍数でおおよそ推定できるでしょう。スポーツ心臓になっていれば、最大心拍数に達するまでの余裕があるので、可能な運動強度も高くなります。別の言い方をすれば、同じ運動負荷をしても心拍数の上昇が少なく、余裕があることになります。

運動時の脈拍2（心拍数と〝つらさ〟の関係）

心拍数と主観的なつらさ（自覚的運動強度）との関係も、運動生理学の分野ではおおよその関係が示されていて、持久系のトレーニングとして適当な運動強度は、「ややきつい」程度とされています。各人の最大心拍数の六〇パーセント以上となる運動強度とか、最大心拍数から年齢を引いた値の八〇パーセント程度の心拍数となる運動強度、などの目安があります。このレベルから上の運動では、筋肉が酸素の供給不足となり、筋肉での乳酸産生が高まります。乳酸産生が高まる運動強度の変換点はAT（anaerobic threshold）と呼ばれ、この点での心拍数は「{（二二〇－年齢）－安静時心拍数}×五〇パーセント＋安静時心拍数」という式で予測されます。登山の目的にもよりますが、体を鍛えるための山登りのペースもこの程度を目標にすると、あまり無理なく、体の抵抗力アップに貢献します。

山を歩いているときの心拍数について、学生山岳部の活動の場合は、一四〇～一五〇回／分、一般ハイカーで一〇〇回／分程度という値が、実測で報告されています。これは坂を登っているときの値と下っているときの値の平均ですが、鍛えている人が登っているときでも一五〇回／分程度に留まっていて、無酸素性作業閾値《いきち》（この値を超えて激しい運動をすると酸素の供給が追いつかなくなり、酸素なしのエネルギー産生経路が起動して乳酸が蓄積し始める）に相当する一六〇回／分を超えていません。健康な人にとって一〇キロ以下の荷物を背負った近郊の日帰り登山は、決して負荷が大き過ぎることはありません。右に紹介した式で適切な心拍数を計算し、その心拍数となるような歩行速度を健康増進登山の目安とするとよいでしょう。

刺激で上下する血圧1（運動時の血圧の測り方）

血圧も中高年以上の人では頻繁に測定する健康指標です。もともと血圧は水銀柱に接続されたマンシェットと聴診器で測定されていましたが、最近は自動血圧計（血管の拍動を検知するセンサー

スマホのストップウォッチ画面や時計の秒針を見ながら心拍数を計測する。15秒間の拍動数を4倍するなどして1分間の心拍数を計算する。

いろいろな場面で心拍数を測ると生活動作や運動が心拍数にどの程度影響するか確認できる。「きつい」と感じ始める心拍数で、体の予備力が推定できる。

心拍数を参考に楽しく登れる歩行速度を確認する。「ややきつい」程度の歩行速度を心がけると、心肺機能が強化される。

活動中に血圧を測ると、血圧の上がり下がりの特性がわかる。血圧は決して一定ではなく、活動度で大きく上下する。

が付いている）での測定が広く普及しており、精度も非常に高くなっています。まず、家庭で測る血圧の正しい測定方法を説明します。血圧を病院やクリニックなどで測ると、緊張などから少し高く測定される人がいます。そのため、自宅で血圧測定をすることは、高血圧症が疑わしい人すべてに推奨されています。自宅で血圧を測ると、朝の値、夜の値も見ることができ、朝は高いが、夕方は低いとか、反対に朝は低いが、夜は高いなど、自分の血圧の変化も自覚することができます。正しい測り方は各種の本やウェブサイトで紹介されています。二の腕に巻くタイプの血圧計の場合、朝は起床後一時間以内に、排尿後、座って一、二分安静をとってから測ります。朝の内服薬がある人は、内服の前が望ましいとされています。夜に測る場合は、就寝前に、座って一、二分安静をとってから測ります。血圧計の体に巻きつけるところは、心臓と同じ高さにして、腕の力を抜いてもその位置が保てるように腕を何か台になるものの上に置きます。心臓より測定位置が高いと低い値に、心臓より低いと高い値になります。

次に運動中の血圧の測り方を紹介します。まず、簡易的な測定といっても、それなりに体勢を整える必要があるので、初めて行く山や微妙なバランスを強いられるポイントの多い山は測定に向きません。なぜなら、初めて行く山ではルート・ファインディングを優先しなくてはならないので、一定のペースで歩き続けたり、最高速度のときの値を測ろうとして、息が上がるほど速く歩いたりするのは難しいからです。歩くことに集中しすぎて、道に迷ってしまうかもしれません。また、狭いナイフリッジや鎖場の連続する斜面では、とても血圧測定の体勢を算段しながら歩くわけにはいきません。血圧を測りながら歩くには、通い慣れたいわゆるウォークアップピーク（特別な技術や道具がなくても、歩いていれば山頂に到達できる山）が向いています。

屋外で測定するときは、血圧を測定するからといって、いちいち腕まくりするのは大変です。腕に巻く血圧計の場合、予め薄い下着の上に血圧計のマンシェットを巻いておき、接続ホースが袖口からすぐ出せるようにしておいて、実際の測定時にはホースを袖口で繋げばすぐ測れるようにしておくと便利です。一般的に、厚着をした上に血圧計のマンシェットを巻いて測定すると、正確に測れないと言われますが（服が厚いと服を押しつぶす圧力が必要なために測定値が高くなり、たくし上げた袖で腕が締め付けられると動脈の流れが阻害されるので測定値が低くなります）、薄い下着ぐらいならば大丈夫です。また、最近は手首で測定するタイプも普及しています。心臓と同じ位置で測れば、二の腕で測る場合と大きな差はないと報告されています。しかし、腕や指など心臓から遠い場所の血管は、ご本人の動脈硬化の度合いに影響を受けることがあるので、余裕のあるときに腕の血圧と手首、指の血圧で差があるかを比べておくとよいでしょう。

刺激で上下する血圧2（運動の環境と血圧の関係）

フィールドで繰り返し血圧を測る場合は、運動の影響ばかりでなく、気温の変化、酸素の圧力の変化、湿度や風の影響、そして心理的なストレスの影響などが複合的に作用して血圧の測定値が変わります。この器械はこの環境では正確に測れない？　と判断するのではなく（もちろんそのような場合もありえますが）、自分の血圧は上がったり下がったりするんだなと、受け入れることが大切です。同じコースを繰り返し登山しながら、多様な条件で測ると、「寒い日は血圧が上がりやすいから防寒具をしっかりつけよう」とか、「脱水予防をしておかないと下山したときの血圧が低くなりすぎるので、登山中しっかり飲み物を飲もう」とか、自分なりの健康管理が身についていきます。

運動中あるいは直後に血圧を測定すると、ビックリするほど高い値が示されることがあります。しかしほとんどの場合、これは器械の故障ではありません。「なるほど、こんなに上がるんだ」と素直に認め、血圧の特性を理解しましょう。運動時過剰血圧反応という、運動したときの血圧の上がりすぎを判定する基準があります。それに従うと、運動時収縮期血圧が男性二一〇mmHg以上、女性一九〇mmHg以上で過剰反応と判定するので、それ以下はよくある程度の血圧上昇ということになります。

血圧が上がりすぎることを警戒する話はよく聞きますが、下がりすぎることに対する警戒も非常に重要です。なぜなら、高血圧症という病名から血圧が高いことが問題と考えられがちですが、病気の本質は動脈硬化による血管の弾力性低下であることが多く、血圧は上がりやすくも、下がりやすくもあるという状態です。ですから、脱水の状態で血管が急に広がると、動脈硬化の進んだ人では極端に血圧が下がります。こうなると、脳や心臓に血液を送り込む勢いがなくなり、脳や心臓が酸素・栄養不足に陥ります。つまり、脳梗塞や心筋梗塞が起こりやすくなります。山に血圧計を持っていったら、下山後ひと休みしたとき、風呂に入った後、十分水分を補給した後などにも、ぜひ、実際に血圧を測定してみて下さい。血圧の下がりすぎを注意すべきタイミングがわかります。よく悪い例としてあげられるのは、「大汗をかいて脱水状態となっているのに、下山後のビールをおいしく飲むために水分摂取をとことんガマンし、夕食前に汗を流そうと熱い露天風呂に飛び込む」といった状況です。脱水で血液量が少なくなっているところで、血管が広がって、血管の容積が大きくなるので、血管内の圧力が極端に低下します。そうなると頭に行く血液が少なくなり、神経細胞が酸素・栄養不足になります。目の前が真っ暗になって思わず座り込むくらいで済めばよいのですが、血液の流れが乏しくなった場所で血管が詰まってしまえば脳梗塞になってしまいます。

自分でできるメタボ検診

メタボリックシンドローム（metabolic syndrome）は、内臓脂肪型肥満（内臓肥満・腹部肥満）に高血糖・高血圧・脂質異常症のうち二つ以上を合併した状態を指します。動脈硬化性疾患（心筋梗塞や脳梗塞など）の危険性を高める複合型リスク症候群を一つにまとめたものです。平成二十年四月から、健康保険組合、国民健康保険などに対して、四十歳以上の加入者を対象としたメタボリックシンドロームの健康診査（特定健康診査）および保健指導（特定保健指導）が義務付けられています。

メタボリックシンドロームの診断基準では、ウエストが男性で八五センチ以上、女性で九〇センチ以上（内臓脂肪の面積が一〇〇平方センチ以上になっている目安）、またはＢＭＩが二五以上が異常群に該当します。これらに加えて

①中性脂肪（トリグリセライド）一五〇 mg/dl 以上、ＨＤＬコレステロール四〇 mg/dl 未満のいずれか、または両方

②収縮期血圧（上の血圧）一三〇 mmHg 以上、拡張期血圧（下の血圧）八五 mmHg 以上のいずれか、または両方

③空腹時血糖一一〇 mg/dl 以上の三項目のうち、二つ以上あてはまればメタボリックシンドロームと判定されます。

ウエスト測定は立った状態で軽く息を吐き、へその高さで測定します。メタボリックシンドロームの診断意義については異論もあることは事実ですが、各測定値が基準内であるほうが好ましいことに異論はないでしょう。山に向かう前に生活習慣病予備軍でないかチェックすると、山に行くべきか、その前に医療機関に行くべきかの目安となります。

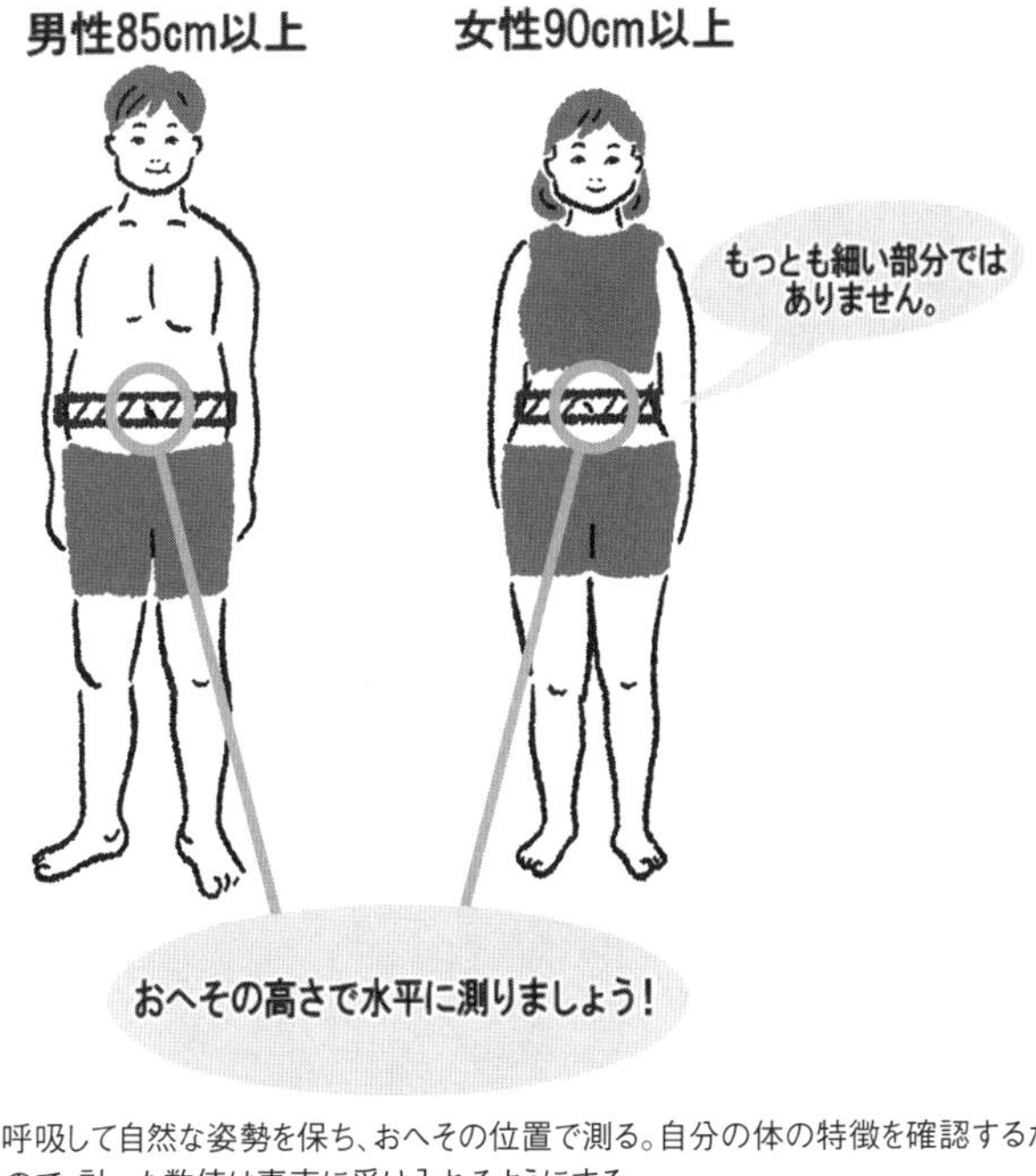

軽く呼吸して自然な姿勢を保ち、おへその位置で測る。自分の体の特徴を確認するためなので、計った数値は素直に受け入れるようにする。

道具のいらないバランステスト

年をとって寝たきりにならないためには転倒しないことが重要です。転倒しないためにはバランス感覚と、それに応じて体勢を立て直すための筋力が必要です。バランスの感覚は耳の奥にある三半規管などが担当していますが、実は目から入る情報もずいぶんバランス感覚を補助しています。目を開けた状態と閉じた状態で片足立ち時間を測ることで、総合的なバランス力と視力による補正の度合いがわかります。

片足立ち時間を測るときは、両手を腰に当てて利き足で片足立ちします。そして、何秒間姿勢を保持できるかを測定して、年齢ごとに提示されている基準値と比較します。一度目を開けたままで測定し、次に目を閉じて測定します。目を閉じると極端に時間が短くなるはずです。年齢の増加とともに閉眼片足立ち時間は短くなることがわかっていて、高齢者の転倒防止の観点から、健康管理セミナーなどでこの検査法が広く広報されています。足場の不安定な山を歩く前には、一度平均と比較してよいのか、悪いのか確認しておくとよいでしょう。また、登山の前後で測り比べてみると、疲労によるバランス力の低下の程度も知ることができます。斜面を利用したり、クッションを下に置いてわざと足場を不安定にした状態で行なえば、バランス力の強化練習にもなります。

体勢を安定させる筋力をつけるには、脊椎支持筋と言われる背骨を取り囲む筋肉や腹筋、背筋をバランスよく鍛えることが大切です。あわせて、大腿部の膝を保持する筋肉も十分に鍛えましょ

片足立ちの評価（単位：秒、開眼片足立ちは65歳以上の人を対象とした評価基準）

分類			低い	やや低い	普通	やや高い	高い
閉眼	男性	20～29歳	～19	20～43	44～140	141～215	215～
		30～39歳	～15	16～30	31～101	102～157	157～
		40～49歳	～11	12～20	21～ 71	72～110	110～
		50～59歳	～ 7	8～15	16～ 49	50～ 75	75～
		60～69歳	～ 3	4～11	12～ 33	34～ 45	45～
	女性	20～29歳	～19	20～43	44～139	140～214	214～
		30～39歳	～15	16～30	31～100	101～152	152～
		40～49歳	～11	12～20	21～ 71	72～110	110～
		50～59歳	～ 7	8～15	16～ 49	50～ 75	75～
		60～69歳	～ 3	4～11	12～ 33	34～ 45	45～
開眼	男性		～ 6	7～14	15～ 30	31～ 72	73～
	女性		～ 4	5～11	12～ 25	26～ 66	67～

文部科学省「新体力テスト」と池上晴夫「運動処方の実際」より著者作成

片足立ちでバランス能力を測る。目を閉じて視力の補正が効かなくなると極端に難しくなる。夕暮れどきの転倒しやすさと関係する。

片足立ちでバランス能力を測る際には、まず開眼状態で練習を行なう。次に、グラっときてもすぐに支えに手をかけられる状態で閉眼状態での計測を行なう。

う。動的なバランス能力を鍛えるよいトレーニングとして、二〇〜三〇センチの台を用いた踏み台昇降運動があります。一分間に三〇〜四〇歩くらいのゆっくりとしたペースで、背中を伸ばし、体重がしっかり前脚にかかっていること（重心移動）を確認しながら台の上り下りをしてみましょう。こうした練習のときにスマートフォンで動画撮影をすると、自分の上り下りのときの姿勢の安定度、不安定度がビジュアルに確認できるので、周囲の人に撮影してもらいながら試してみるとよいでしょう。

簡単な呼吸筋のテスト

呼吸の機能は肺活量以外はあまり一般の人には馴染みがないかもしれません。しかし、医療の分野では喘息や肺気腫などを患った人の呼吸する能力を測るために、さまざまな指標が考えられていて、医療機関ではそうした検査データをもとに呼吸器の病気の診断を行なっています。病院で使用する呼吸能力を測るための器械をスパイロメーターと言います。これによって肺活量を測定し、同年齢の元気な人の基準値と比べたり、息を吐き始めてから最初の一秒間に肺活量の何パーセントを吐き出せるかを測ったりします。肺活量が少なくなってしまう状態を拘束性換気障害、一気に吐き出せる量が少なくなってしまう状態を閉塞性換気障害、両方を合併しているのが混合性換気障害と呼吸器の障害を三つに分けます。拘束性換気障害は、肺が膨らみづらくなった状態で、結核や肺が

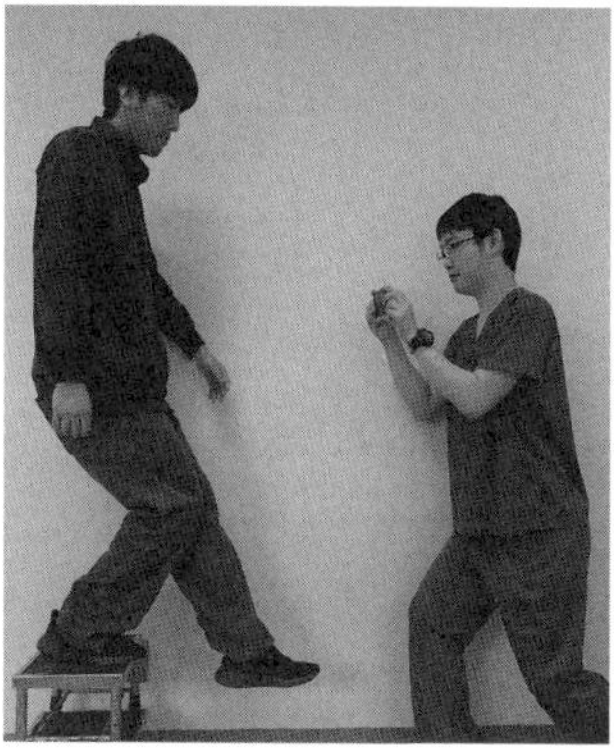

スマホ動画で姿勢を確認する。段差を上り下りするときの姿勢の安定感を動画で見てみると、自分の弱点を把握できる。

マッチの火を吹き消すテストで、呼吸能力を判定する。火のついたマッチを手を伸ばして吹き消せないときは、気管支炎で気道が傷んでいる可能性が高い。

風船を膨らませる速さを比べる。風船を素早く大きく膨らませられるかは、呼吸の筋肉と気道の通りやすさが決め手となる。

ん、筋力低下などで起こります。閉塞性換気障害は、空気の通り道（気道）が狭くなって息を吐き出しづらくなっている状態で、気管支喘息、肺気腫、慢性気管支炎などで起こります。

呼吸で使う筋肉の力を特別な器械に頼らずに数字で表わすことは難しいですが、日常生活でも息を吐く動作はいろいろ行なわれていて、そうしたことが楽にできるかどうかで呼吸機能を想像することができます。例えば、火のついたマッチ棒を指で持ち、腕を伸ばした状態で火を吹き消せるかというテストがあります。喘息や慢性気管支炎などの空気の通り道が狭くなる病気を患っていると、吐く息の勢いがなく、火を消すことができません。その他、平らなテーブルの上に置いたピンポン球を机の反対側まで吹き転がせるかというテストも同様の検査です。二人以上の人がいれば、同じサイズの風船を十秒間で誰が一番大きく膨らませるかというテストもできます。当然、呼吸筋の筋力や肺活量に余裕のある人が素早く大きく膨らませることができます。

健康登山塾の実績からわかる登山の効用

著者は、健康増進につながる登山を実体験していただくために、自身の所属する日本山岳会群馬支部主導のもと、地元自治体や大学、新聞社等の協力を得て「健康登山塾」を開催してきました。塾といっても、優秀な登山家やトレイルランニングの選手を養成するのが目的ではなく、自分自身の健康管理に役に立つ登山の習慣を身につけてもらうことが目的です。地元の山々の短いコースを歩きながら健康増進を図ろうという趣旨で、毎年、約半年間の活動計画を作っています。

運動する習慣がなかった人や、街の中の公園歩きでは物足りなくなった人たちも対象にしているので、最初の集まりでは市街地の公園を利用し、公園内の傾斜を利用したウォーキングから始めます。ビルの階段やトレーニングジムも利用しています。いずれも、街中のビル、トレーニングジムで、登山に類似の坂道歩行が可能であることを実感してもらうためです。

街中での導入の後は、赤城山や榛名山など、地元を代表するアクセスのよい山の初心者コースで実地講習会を開催します。継続性を重んじているので、雨天でもコースを短縮・変更するなどで安全度を高くして開催することを原則としています。また、前半と終盤に全く同一のコースを使い、塾での活動が健康増進につながったか評価しています。

各登山は上り下り合わせて二〜三時間ですが、各回のコースの特徴に合わせて特別に意識すべき健康管理上の学習の目標を設定しています。参加者には課題を意識しながら歩行することで、安全で効果的な歩き方のポイントを理解してもらいます。また、活動前後と活動中の数回、心拍数や血圧の測定を行ないます。また活動の前後で簡易な着地圧（足を地面に着くときの力の強さ）の測定も行ないます。登山中は医師・看護師を含む運営スタッフが参加者に随時アドバイスを行ない、下山後、各自で整理体操をしながら、血圧などの測定値の評価、塾長の総括コメントを聞きます。塾長は毎回、「週に三回程度の日頃の運動」を継続するように強調します。これは、日々のトレーニングが健康増進には最も重要であり、塾開催時の山での運動は確認作業であることを理解してもらうためです。最終回は「まとめの会」として行ない、集計・解析したデータを成績表として修了証とともに渡しています。

「健康登山塾」の目的はムキムキの体をつくることでも、短期間で高血圧や糖尿病を治すことでもありません。登山という活動の特性を生かして、健全な生活習慣を身につけてもらうことを目指しています。アンケート結果によると、ほとんどの塾生が週に三回程度、毎回三十分程度の運動を心がけていると答えてくれています。まとめの会でも、全ての参加者から生活習慣の改善に役立ったと高評価を得られました。参加を希望する時点でかなり強い健康志向があったと考えるべきですが、塾でのさらなる動機づけやアドバイスにより、運動習慣確立や生活改善がより一層図られたのではないかと思います。

また、初心者の方々には限られた講習回数の中で、平坦地、木枠階段、岩場、緩傾斜地、急登など多様な登山道の形態を経験してもらっています。街中のウォーキングだけでは身につかない、足元の変化に合わせた歩き方、坂道での歩行スピード調整や体勢保持のコツを習得してもらうことができます。悪天候の中での開催もあることから、雨具を着けての歩行、体温調節なども練習できます。このような経験や知識は、日常生活での転倒防止や体温管理にも確実に役立つでしょう。

デジタルデバイスの普及により、世界中の人々と昼夜を問わず即時的な情報交換ができるようになりました。便利なことはありがたいのですが、生身の人間同士のやりとりが少なくなりつつあることが懸念されます。二〇二〇年春の新型コロナウイルス感染症の感染拡大期には、日本を含め多くの国々で外出自粛やソーシャル・ディスタンス（フィジカル・ディスタンス）確保が求められました。デジタルデバイスで映像を含め、リアルタイムの情報交換は十分可能ですが、少なからぬ人々が、それだけでは寂しさや孤独感をおぼえ、対面交流の機会を望みました。どんな時代になっても、ヒトという生物の遺伝的素因が変わらない範囲では、人と人との生身の交流はほとんどの人にとって必要なことのようです。

「健康登山塾」では、個人の事情による欠席はあるものの、毎回、非常に高い出席率を得ることができます。そして、数回開催すると各班の歩行ペースが揃うようになり、班と班との歩行時間差も予想ができるようになります。歩行中や休憩時のスタッフを含めた参加者同士の意見交換はどんどん活発になり、リラックスした雰囲気になっていきます。標高差や活動時間、運動負荷量が全ての参加者にとって過度にならないように配慮することで、単独で取り組むストイックなトレーニングとは違った、集団活動の利点を引き出すことができます。健康増進のための運動では競争や競合ではなく、協調によるストレスのない環境づくりが大切です。グループで健康登山を行なう際には、競争になっていないか確認しつつ取り組むことが大切です。

各人の体は、遺伝的に受け継いだ素因と年余にわたる生活習慣の結果として今ある形になっています。数カ月間何かに取り組んだだけで大きく変わると想像するのは無理があります。短期間の特殊な食生活やライフスタイルの改変で、体型や健康状態が大きく変化したような広告をしばしば目にしますが、短期で得られた変化は、その後短期間で元に戻ることがほとんどです。ですから、数日の「健康登山塾」参加だけで、メキメキ健康度が上がる、病気が治るといった効果は非現実的です。生活習慣を変えるきっかけが得られ、その後も適切なライフスタイルが継続されることが目標になります。

「健康登山塾」の初年度と二年目に得られたデータを解析したところ、両年度ともほぼ同じ傾向

健康登山塾の各回の測定データ

	収縮期血圧 mmHg				拡張期血圧 mmHg				脈拍 回／分				着地圧差 Pa	
	活動前	測定点A	山頂	下山時	活動前	測定点A	山頂	下山時	活動前	測定点A	山頂	下山時	登山前	下山時
第2回	147 ± 49	148 ± 52	137 ± 63	132 ± 49	90 ± 35	83 ± 26	82 ± 30	85 ± 30	80 ± 27	110 ± 33	112 ± 32	106 ± 36	2.7 ± 6.5	3 ± 5.8
第3回	152 ± 45	156 ± 60	152 ± 55	136 ± 66	93 ± 24	92 ± 34	89 ± 24	85 ± 33	80 ± 31	87 ± 31	86 ± 30	113 ± 31	3.8 ± 10.2	3.1 ± 4.7
第4回	156 ± 49	156 ± 41	148 ± 39	140 ± 49	93 ± 26	85 ± 36	83 ± 19	85 ± 35	82 ± 26	101 ± 35	99 ± 35	93 ± 34	3.6 ± 5.6	3.1 ± 5.3
第5回	147 ± 49	149 ± 43	135 ± 36	135 ± 39	90 ± 33	82 ± 23	80 ± 23	85 ± 23	81 ± 20	107 ± 23	105 ± 26	92 ± 25	5 ± 7.6	6.5 ± 6.8
第6回	152 ± 46	147 ± 49	146 ± 43	130 ± 36	96 ± 31	86 ± 28	88 ± 31	84 ± 25	77 ± 21	100 ± 24	106 ± 26	92 ± 28	1.5 ± 3.3	2.6 ± 3.6
第7回	155 ± 52	153 ± 33	141 ± 48	133 ± 46	89 ± 36	93 ± 32	86 ± 30	82 ± 32	77 ± 19	101 ± 25	105 ± 26	105 ± 26	0.7 ± 1.8	1.9 ± 3.1
初回と最後の差	−5 ± 38	−3 ± 45	−4 ± 57	−1 ± 52	0 ± 34	−9 ± 27	−4 ± 29	2 ± 30	−2 ± 39	10 ± 31	7 ± 34	4 ± 34	1.4 ± 7.7	0.7 ± 5.9

（平均±標準偏差）　着地圧差：40cm ステップ下り時圧力から上り時圧力を引いた値（下りでの衝撃の大きさの指標として活用）

各回とも開始時の血圧が高く、下山時は下がる。半年の登山塾では血圧そのものは下がらないが、活動中の過度の心拍数増加は少なくなる。

収縮期（上の）血圧が運動中に160を超えた人の割合(%)

測定地点	測定点A	山頂	下山時
山中初回	30.1	18.9	7.5
山中最終回	25.7	18.4	6.3

極端に高い血圧となる参加者は講習会を重ねると少なくなる。高血圧が治るわけではなく、運動強度（坂道を歩く速さ）の調節が上手になる。

「収縮期血圧×脈拍：Rate Pressure Product」の変化

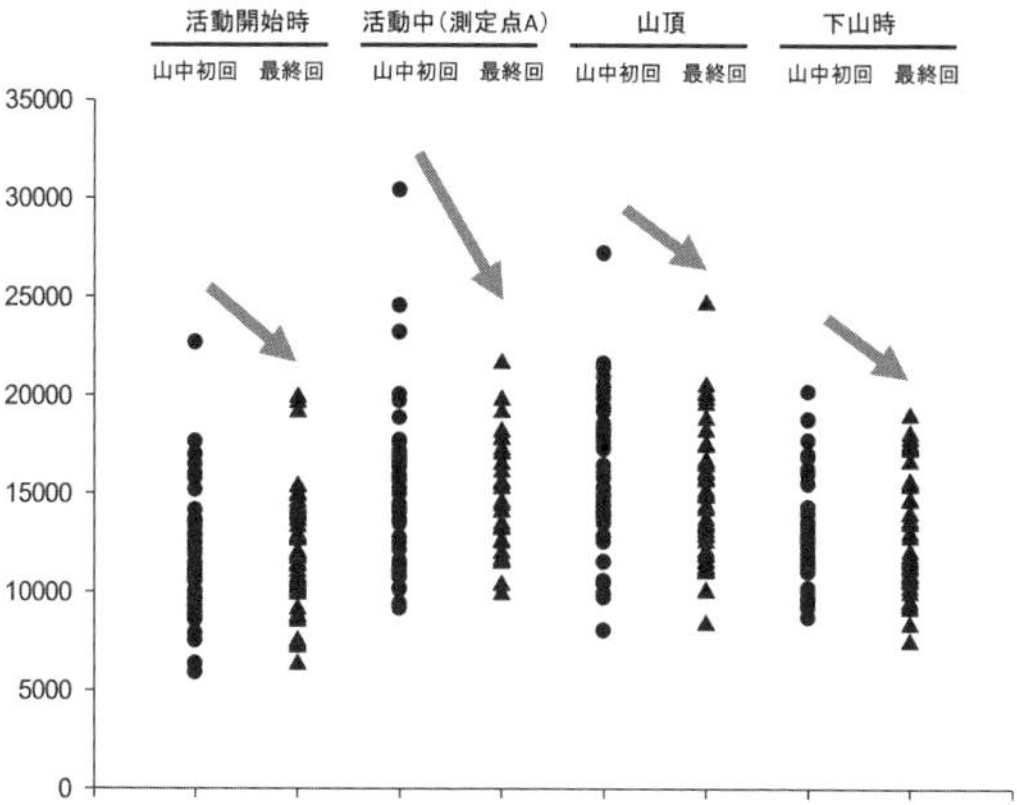

血圧と脈拍を掛け合わせた値は、心臓のストレスを反映する。この値が大きいと心臓の筋肉が酸素不足で障害をきたす可能性が高くなる。

で、運動開始早期の血圧上昇や運動終了時の低下が観察されています。こうした傾向は、平地でのランニングや自転車エルゴメーターでの測定で報告されている結果とおおむね合致します。参加した皆さんには、運動開始時には収縮期（上の）血圧が上がり、二〇〇mmHgを越えることも稀ではないことを確認してもらうことができます。血圧が状況により相当な範囲で変動することを、数字で確認してもらえることは成果のひとつと考えられます。平均値にしてしまうとわかりませんが、個人ごとの数値を並べてみると、回を重ねるごとに血圧変動が小さくなる参加者が少なからずいることも事実です。これは、血管が柔らかくなったり、高血圧症が治ったわけではなく、運動開始時の不安が取れて緊張しなくなった、運動負荷を一定にするコツがつかめたなどが理由と考えられます。実際、回を重ねるごとに、運動中の心拍数は毎分一〇〇回程度に安定するようになり、運動負荷レベルが余裕のある有酸素運動レベルとなってくると考えられます。

着地時の圧力も回を重ねるごとに小さくなる参加者が多く、トレーニングの成果により下りでの着地が丁寧になってくると考えられます。こうした成果が転倒防止につながり、山で事故に遭う危険性を減らしてくれると期待しています。

免疫力の強化で病気にならない

生活習慣病

生活習慣病はどんな病気?

生活習慣病とは、偏った食生活や運動不足などが病気の発生に関係することが証明されている病気の一群で、一つの病気の名前ではありません。かつては「成人病」と呼ばれていましたが、成人でなくても発生すること、習慣を改めれば予防できることを印象づけようということから、「生活習慣病 lifestyle related disease」と呼ばれるようになりました。「食習慣、運動習慣、休養、喫煙、飲酒等の生活習慣が、その発症・進行に関与する疾患群」というのが定義です。糖尿病、脂質異常症、高血圧、高尿酸血症などのうち、先天的でないものが該当し、中年期以降の人たちによく見られます。肥満を合併する複合的で軽症段階のものはメタボリックシンドローム、俗称「メタボ」と名づけられ、日常の会話でも「メタボやばいよ」などと、食べすぎや運動不足を反省する会話で使われています。動物性の脂質、糖質、塩分などの摂取量が多すぎ、逆に野菜の摂取量が不足することが栄養学的な原因です。これに運動不足、喫煙が発症リスクを高めます。

メタボリックシンドロームや生活習慣病の予防がしきりに叫ばれるのは、これらの病気自体は生命を直接脅かすことがなくても、放置すれば心筋梗塞、脳梗塞、腎不全など死亡率の高い病気へと進行するからです。心筋梗塞や脳梗塞では初回の発作で命を落とすことも珍しくありませんが、運よく一命をとりとめても、その後の治療やリハビリテーションには高額な医療費が必要となります。また、体が思うように動かなくなってしまったご本人にも、それを支える周囲の人にもつらい生活が待っています。脳梗塞で半身不随になった状態、腎不全で人工透析が必要になった場合などを想像すれば、その深刻さがおわかりいただけるでしょう。

生活習慣病を山歩きで治す

病名のとおり、予防や治療は本質的に習慣の改善です。原因となる体によくない習慣から決別し、健康的な習慣へと切り替えていけばよいわけです。食生活では、昔ながらの日本の食生活に戻るのがよいと言われており、諸外国の富裕層で日本食ブームが起こっているのもこのためです。ご飯に納豆、焼き魚、野菜のごった煮など、総カロリーが高くなく、一方、体に必要なタンパク質やビタミン類、繊維質などは十分に摂れる献立がお勧めです。ただし、塩分の摂取量過剰が高血圧の危険因子であること、もともと日本人はカルシウム摂取量が少ないと言われていることなどには配慮する必要があり、日本食でも薄味をよしとし、牛乳やヨーグルトも積極的に摂ることが勧められます。

動物はもともと飢えに耐えられるように体がつくられていて、栄養の摂り過ぎになるという状況が想定されていません。起きている間じゅう獲物を追いかけたり、草を食べ続けても食べ過ぎになるはずがないと神様は考えたのでしょう。甘いものや脂身を美味しく感じるのも、通常はそうしたものがなかなか口に入るはずがなかったからで、高カロリー食品があふれている現代人の状況は生き物のあり方としては異常なことです。ですから、現代を生きる人々は体に備わった飢えに強い体の欲求を、少し意図的に抑える必要があります。幸い、山の中では簡単に食料が手に入りません。お金があってもお店はないのです。自分で担いでいく以外に調達法がないということは、カロリー制限にとても有利です。しかも、運動中に摂取する少しの食品はとても美味しく感じるはずです。「Hunger is the best spice.（お腹が空いているときは何でも美味しく感じる）」という味覚の特性も山ではしばしば生きてきます。

生活習慣病と診断されると必ず運動が勧められますが、毎日取り組める簡便で有効な運動習慣として「歩く」ことが例に挙げられます。だれでも特別な道具なく始められるという利点があり、毎日、二日に一回などと定期性を確保するにもハードルが高くありません。しかし、毎日歩くだけでは飽きてくるかもしれませんし、実際のところ、増えてしまった体重を減らすには運動量としても多くはありません。あくまでも始めやすい習慣と考えておくのがよいでしょう。もう一段進めるのであれば、例えば、ウィークデイは町内で毎日二から四キロの散歩、週末は郊外の山で五時間程度のハイキング、といったパターンが生活習慣病予防の観点からは理想的です。こうすると、旅行気分で飽きも来ないし、カロリー消費量も格段に上げることができます。

生活習慣病対策で取り組む運動は長く無理なく続けられることが大切なので、激しい運動は勧められません。体調に問題が生じている、あるいは生じ始めている人が取り組むので、急に始めた激しい運動でケガや障害が起きてしまってはもともこもなくなってしまいます。また、激しい運動は継続する気力が続くかも不安です。近郊の登山は、この点も比較的安心です。一般の登山者の最大酸素摂取量（単位時間に酸素を最大どのくらい使えるか、短時間の運動能力の指標）は必ずしも高くないと言われますが、体重プラスアルファをある程度の傾斜に沿って歩行速度で持ち上げるという身体負荷は、通常の取り組み方であれば、他の競技スポーツと比較して、あまり激しすぎない程よいレベルの運動です。生涯を通じて長く続けることが困難でない運動ですので、他の無酸素系運動よりも無理なく生活習慣に取り入れることができるでしょう。

生活習慣病対策で注意すること

もともとが「成人病」と呼ばれていたため、暦年齢が上がると生活習慣病になるという印象があり、対策も定年になったら始めようなどと考えがちですが、そうした考えは正しくありません。医学の業界では暦上の実年齢（chronological age）よりも、生物学的な年齢（biological age）の方が健

メタボリックシンドローム該当者、予備軍の人数と各年齢層人口比率

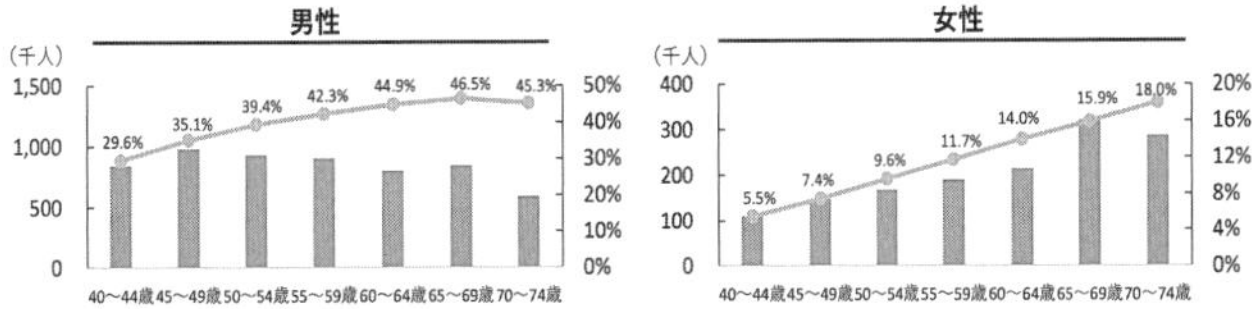

メタボリックシンドロームの該当者は中年以降増加する。男性は生活リズムが不規則な人が多く、40歳代から高い比率となっている。

生活習慣病予防のための食事

生活習慣病の予防には、1日3食1800kcal程度が基準です。

ポイントは、肥満予防

●肉より魚を
脂肪やコレステロールの多い食べ物を摂り過ぎない
主菜は肉より魚に
●高コレステロール食品に要注意
高コレステロース食品の例
肉の脂身、レバー、卵黄、うなぎ、干し魚、バター、イクラ、スジコ、タラコ、イカ、エビ、貝
●糖分、アルコールは控えめに
洋菓子より和菓子
スナック菓子の脂肪、塩分に注意
アルコール飲料のつまみを少なく

ポイントは、種類とバランス

●毎食で主食、主菜、副菜
多種類の食材
外食では単品メニューを避け、焼き物や煮物の定食メニューを
●食物繊維の積極摂取
ニンジン、ゴボウ、ダイコン、ホウレンソウ、ブロッコリー、大豆、豆腐、シイタケ、シメジ、ヒジキ、ワカメ、昆布

ポイントは、塩分は1日10g以下

●だしの風味で減塩
カツオや昆布だし、具材のうまみで味付け
●塩分を含まない調味料の使用
ミリン、生姜、ニンニク香味野菜、柑橘類、香辛料

生活習慣病予防には食生活の改善が必要で、糖質や脂肪の多い食材からタンパク質や繊維質の多い食材へと嗜好を変化させることが有効と言われる。

肺の機能で見た「生物学的年齢（肺年齢）」と「暦年齢」の差異

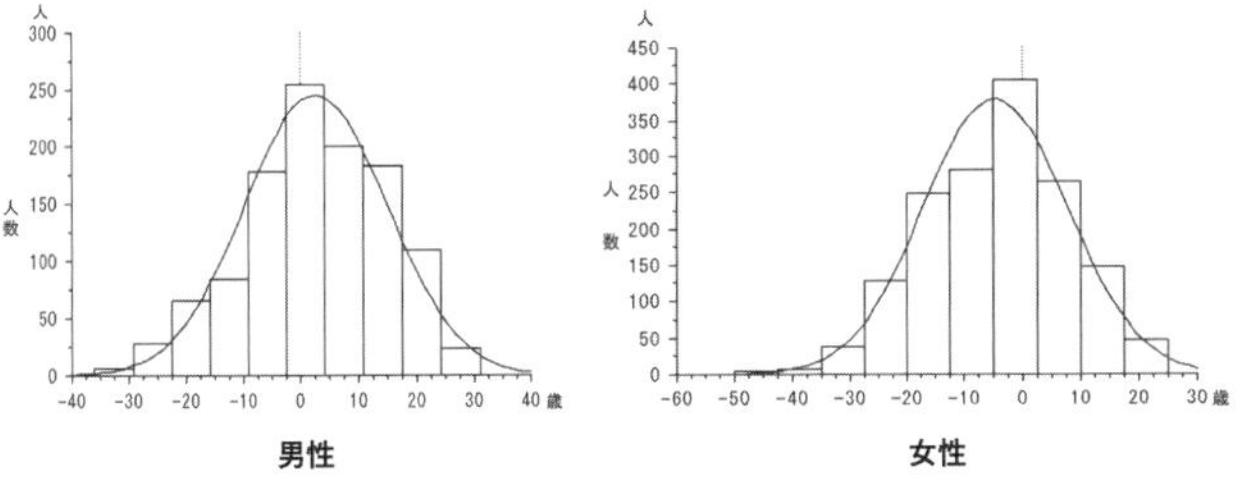

呼吸機能で見ると生物学的年齢と実年齢は乖離する。暦の年齢よりも30歳若い体を維持できている人がいる反面、30歳老いている人もいる。

康度を評価する際に重要だと繰り返し報告されていますが、生活習慣病に関してはぴったりこの理論が当てはまります。生活習慣病にかからないように、普段から健康状態を良好に保つ努力をしていると、生物学的な年齢の上昇をかなり遅くすることができます。つまり、生物学的な年齢が意味する心臓や肺、肝臓などの内臓の機能の年齢、そして、糖尿病や高血圧に代表される基礎疾患の有無による体の健全さの年齢は、暦上の年齢とは一致しないということです。暦上九十歳でも肉体は六十歳代と同等で、大きな手術に耐えられる方もいれば、暦上は六十歳でも不健全なライフスタイルを続けたため、あちこちの臓器はボロボロになっていて、毒性の弱い細菌の感染でも命を落とす人がいるというわけです。高齢になればなるほど両年齢の個人差は広がるので、生活習慣病対策は早く始めるに越したことはありません。

また、体の健康状態を表わす生物学的な年齢は、競技スポーツの優秀さとは直接関係ありません。プロスポーツやオリンピックで活躍した運動選手が、生涯にわたって健康であり続けるとも限らないわけです。ピーク時の身体機能イコール健康の象徴と考えやすいものですが、運動で名を馳せた人が心臓発作で突然死したり、悪性疾患で若くして命を落とすことも珍しい話ではありません。選手期のライフスタイルがあまりに特殊であるために、引退後の通常の生活において新たな健康管理に切り替えることが難しく、いくつかのスポーツは「健康長寿」とは繋がらないという意見すらあります。鍛えすぎた肉体は維持管理が難しく、特に、絶頂期の栄光に甘え、その後のライフスタイルの変化に適切に対応できない場合は、破滅的な身体機能の凋落へと進むこともあり得ます。もちろん、すべてのスポーツ選手が悲惨な引退後の人生を送られるわけでは全くなく、コーチその他で身体活動を継続され、長寿となられている方はたくさんいらっしゃいます。

結局、有名スポーツ選手も普通の人も、継続的な体調管理が健康長寿の決め手であり、それがうまくいけば健康長寿を謳歌できます。継続性が重要なので、ときどき取り組む運動ではなく、習慣として継続できることが大切です。その意味でも、運動の強さが極端なのはダメで、不安なく長く続けられるかを常に意識しながら運動の取り組み方を工夫しましょう。数ある運動の中でも登山がお勧めなのは、相手との勝敗や優劣を競う運動ではなく、個人個人のペースでストレスなく取り組め、季節や場所の変化をつけることで、さまざまに運動のレベルを変えられるからです。

高血圧症

高血圧症はどんな病気？――高血圧の基準

正常血圧は収縮期血圧（高い方）一四〇 mmHg 未満かつ、拡張期血圧（低い方）九〇 mmHg 未満と定義されています。より範囲を狭めた理想的な血圧の範囲は至適血圧と呼ばれ、収縮期血圧一二〇 mmHg 未満かつ、拡張期血圧八〇 mmHg 未満です。ただし、血圧はさまざまな条件で刻々と変化するので、こうした診断基準で参考にするのは、診断のために訪れた医療機関で安静にして測った血圧だということに注意が必要です。例えば、自宅で測定する家庭血圧は、医療機関で測定した血圧よりも、少し低めに出るのが普通です。階段を登った直後に測れば、通常、もっと高くなります。家庭で測定した高血圧の診断基準としては、収縮期血圧一三五mmHg以上または、拡張期血圧八五mmHg以上という数値も示されています。

二〇一〇年の段階で、全国で四三〇〇万人の高血圧患者がいると報告されています。三十歳以上の日本人男性の四七パーセント、女性の四三パーセントが収縮期血圧（高い方の血圧）一四〇mmHg以上または、拡張期血圧（低い方の血圧）九〇mmHg以上あるいは、何らかの血圧を下げる薬を飲んでいるという状況です。日本人全体の三人に一人は高血圧患者で、高い年齢層になると高血圧でない人の方が珍しいというくらいになります。高血圧症になっても、それだけではほとんどが無症状なので、外見からはわかりませんし、ご本人が気づいていないこと、気づいていても気にしていないことは珍しくありません。血圧が高くても多くの人が無症状なら放っておいてもよさそうですが、折に触れて注意せよ、予防せよ、治療を始めよと言われるのは、知らないうちに全身の動脈硬化や血管障害が進んでいき、頭、眼、心臓、腎臓、手足などが回復困難な状態になるからです。血圧が高いとわかっている人は、無症状でも治療や対策が必要です。

高血圧の進行と心臓・脳

高血圧で障害が進む臓器の代表は心臓です。高血圧になると、心臓の四つの部屋（右心房、右心室、左心房、左心室）のうち、大動脈から全身の血管へと血液を送り出す左心室に特に強い負荷がかかります。押し出す先の血管の中の圧力が高いので、それに打ち勝つ高い圧力をかけないと全身の隅々まで血液を送り出せなくなります。一分間に六十回程度もその力仕事を繰り返すので、左心室の壁の筋肉はしだいに厚くなっていきます。心臓の筋肉が鍛えられてよさそうですが、そうではありません。心臓の筋肉が厚くなっても、それに応じて心臓の筋肉への酸素や栄養の供給が増えるわけではないので、酸素や栄養不足で心臓がバテてきます。高血圧状態が慢性的に続き、心臓の筋肉がいよいよ疲労困憊になると、心臓の壁は伸び切るようになり、心臓の動きが悪くなります。ちょうど、伸び切ったゴムが力を出せなくなるのと同じです。

また、心臓の筋肉に酸素や栄養を供給する冠状動脈も高い血圧で血管の壁が傷み始め、動脈硬化になります。傷ついた血管の壁にデコボコができ、それが崩れると血管を完全に塞いで心筋梗塞になります。冠状動脈の太いところでこれが起これば、すぐに心臓が止まり死んでしまいます。冠状動脈の完全閉塞まで行かずに、血流を増やす余裕が少なくなる程度に細くなった場合は、坂道を登ったり、走ったり、心臓がいつもより動くときに胸の違和感、胸部痛などを感じます。この状態は労作性狭心症と呼びます。

心臓と並んで、高血圧の影響を受けやすいのは脳の血管です。脳の血管が詰まるのが脳梗塞、破れて出血するのが脳出血で、両方をあわせて脳卒中と呼びます。脳卒中を起こすリスク因子は、高齢、男性、高血圧、糖尿病、脂質異常症、喫煙、心房細動、大量飲酒とさまざまありますが、最大のリスク因子は高血圧です。血圧は高いけれど、頭も痛くないし、心配ないといって放置しておくと、次第に動脈硬化が進み、頭の中の血管が細くなり、脳の血流が途絶え、脳梗塞となるかもしれません。あるいは、寒い日にトイレに立ったときに、さらに血圧が上がり、脳の血管の弱いところが破れて脳出血を起こすかもしれません。ひどければどちらも即死となるかもしれず、死に至らずに病院にたどり着けても、体に動かせない場所ができて、その後の生活を大きく変えるかもしれません。収縮期血圧が一〇mmHg上昇すると、男性では約二〇パーセント、女性では約一五パーセント、脳卒中での死亡の危険性が上がると報告されています。逆に、高血圧の治療をすれば、脳卒中発症率を低下させることができます。

高血圧の進行と血管

高い血圧で動脈の壁が傷み動脈硬化が進むのは、心臓や脳の血管だけではありません。各内臓はもちろん、眼、首、手足など全身の動脈で硬化が進行します。内臓で影響が大きいのは腎臓です。血圧が高いと腎臓病になりやすく、腎臓病が悪化するとさらに高血圧がひどくなるという悪循環が起こります。腎臓病がひどくなれば人工透析が必要になり、週に何回も病院や自宅で透析のために寝ていることになるので、生活が一転します。また、血圧が高いと尿からタンパク質が漏れ出すことがあり、栄養状態にも大きく影響します。

首や足の動脈も高い血圧で壁が傷みやすく、血管が極端に細くなったり、血管の壁の弱いところが膨らんで動脈瘤という破れやすいコブを作ったりします。足の動脈が細くなっていよいよ詰まってしまうと、足の色が悪くなり、皮膚が脱落する潰瘍を作ったり、細胞が死んで壊疽《えそ》になります。通常通りに腕で測った血圧の上の値よりも、足首で測った血圧の上の値のほうが低い場合、脚の血管が詰まり始めていることが疑われます。

というわけで、高血圧を治療する目的は、血圧そのものを下げることではなく、さまざまな臓器障害を予防することです。血圧が落ち着けば、死亡率や半身不随になる可能性を低くすることができます。血圧を下げる薬には大きく分けて五種類あり、レニン―アンジオテンシン系阻害薬、カルシウム拮抗薬、ベータ遮断薬、アルファ遮断薬、利尿剤などです。これらを組み合わせて血圧を下げていきます。目標は、若者～前期高齢者、脳卒中後の患者、心臓の冠動脈の病気の患者では、収縮期血圧一四〇mmHg未満、拡張期血圧九〇mmHg未満です。後期高齢者では、収縮期血圧一五〇mmHg未満、拡張期血圧九〇mmHg未満、糖尿病の患者では、収縮期血圧一三〇mmHg未満、拡張期血圧八〇mmHg未満と、状況によって目標値が少し変わります。高齢の方の場合に血圧を急に下げないのは、血液が行き切らない場所ができてしまって、一時的に血流障害の危険が高くなるからです。

もちろん、薬に頼らずに生活習慣改善だけで血圧が下がれば、それに越したことはありません。また、薬を飲む場合でも生活習慣の改善は欠かせません。血圧が上がる生活習慣をそのままにしておいたのでは、薬の効果が出にくいばかりか、むしろ動脈硬化は悪化してしまうかもしれないからです。高血圧の危険因子を逆にすればいいので、減塩（六グラム未満／日）、食事内容の改善（野菜、果物、魚の積極的な摂取）、コレステロールや飽和脂肪酸の摂取制限、肥満対策（ＢＭＩを二五未満）、運動、節酒、禁煙が心がけるべき事項です。

高血圧症を山歩きで治す

高血圧の予防並びに治療では、定期的な運動が勧められています。週五日、一日三十分程度（一回十分程度の運動であれば、合計して一日三十分以上）を続けることが大切です。ウォーキングやジョギング、水泳そして登山など、ゆっくりと長く続ける有酸素運動が高血圧対策には向いています。筋肉が必要とする酸素や栄養を十分に与えながら時間をかけて行なう運動だからです。山の麓に住んでいない人にとっては、毎日のように山に通うわけにもいかないので、山登りは普段のウォーキングにバリエーションを与えるためと位置づけるのが適当かもしれません。運動習慣をつける

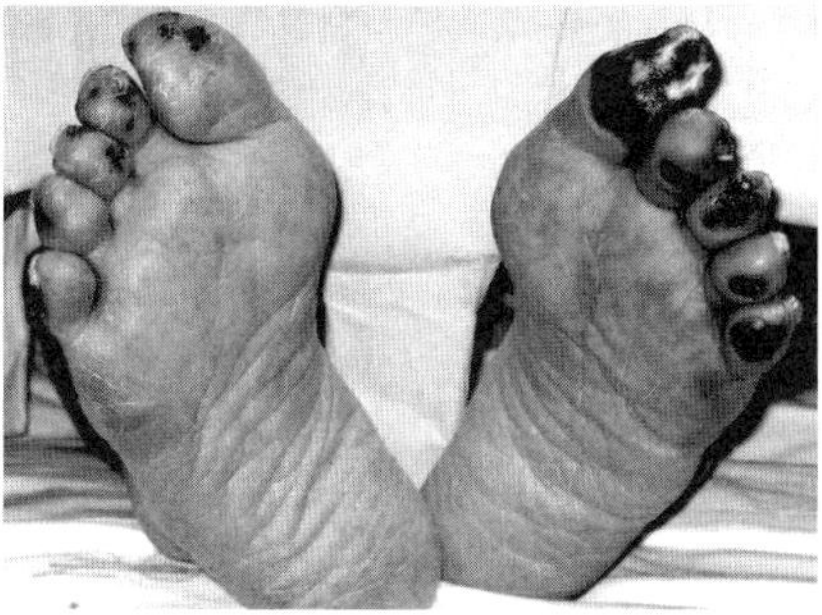

動脈硬化の悪化で血管が詰まると壊死が起こる。足の指先は体の中で心臓から最も遠くにあり、細い血管に小さな血栓などが詰まりやすい。

日本人の1人1日あたりの食塩摂取量推移

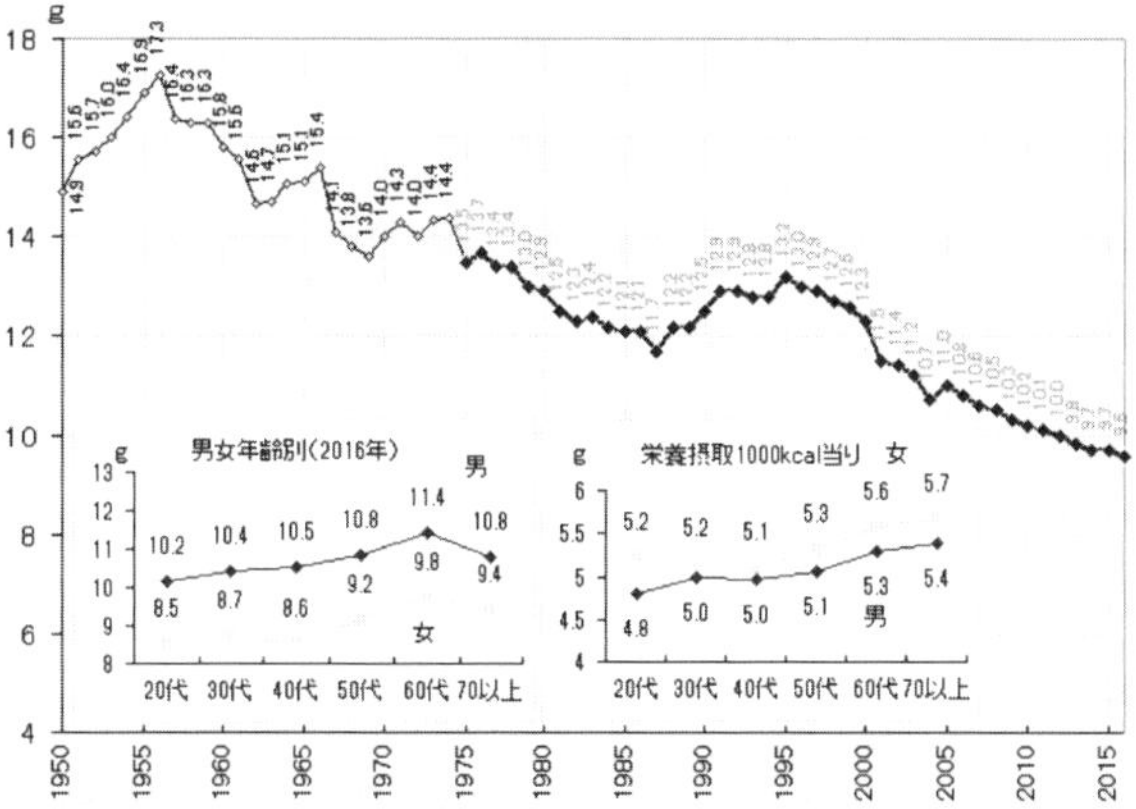

厚生労働省 国民健康・栄養調査ほか

日本人の塩分摂取量は年々減少しているが、未だやや高い。塩分摂取過多は高血圧症の危険因子で、脳出血などを起こしやすくする。

ことで、血圧が低下し、善玉コレステロールの増加や、中性脂肪の低下などよい効果が期待できます。

もちろん、運動をすることにより、消費カロリーが増え、体重コントロールも容易になります。食事量だけを制限するダイエットでは、筋肉量が低下してしまう恐れがありますが、運動では、筋肉量の維持あるいは増進をしながら体重が下がります。糖尿病の人の血糖コントロールにも有効で、まだ糖尿病でない人も運動することで、糖尿病になるリスクを下げることができます。また、運動することで、緊張がほぐれ、不安や落ち込みが減ると言われています。精神的ストレスの緩和にもなるわけです。少し長い期間で見れば、心臓死、糖尿病発症率の低下を含めた、さまざまな効果が認められます。

実際に運動する前は、まず準備体操をして、十分筋肉をストレッチで柔らかくしておきます。ストレッチ運動は、関節の可動域を広げ、骨格筋機能の維持や、バランスを保つことに役立ちます。こうした準備で筋肉や関節がスムーズに動き、ケガの予防につながります。

高血圧症と診断された人が山歩きで注意すること

血圧の高い人が運動を始める場合、運動の強さをうまく調節しないと、逆に心筋梗塞や脳梗塞、脳出血など思わぬ急変を起こすことがあります。特に、心臓病や動脈硬化、糖尿病などの診断が下されている人では、運動中に病気が悪化したり事故に遭う危険が、健康な人よりも十倍も高いと言われています。

高血圧の人が運動を行なう場合は、運動の強さを徐々に上げていくことが大切です。激しい運動は交感神経を緊張させ、運動中の血圧を上昇させます。山登りでも、いきなり急坂があるような場所ではなく、緩やかな林道歩きから始め、ペースをゆっくりと上げていく慎重さが大切です。少し汗ばむ程度のペースにとどめ、息切れや動悸を感じたらすぐにペースを落として、呼吸や脈拍を落ち着かせましょう。朝から血圧が異常に高い場合や体調がいつもと違うと感じたら、山ではなくて病院に行きましょう。血圧の高い人は動脈硬化による血管の柔軟性消失で、血圧の変動幅も大きくなります。脱水で血液量が少なくなっているところで入浴すると体表の温度が上がり、血管が急に開いて、血圧が下がりすぎることにも注意しましょう。

血圧の高い人でもう一つ注意しなくてはならないのが、飲んでいる薬の影響です。利尿剤と呼ばれる薬を使用していると、脱水になりやすくなります。交感神経の働きを下げる薬のうち、ベータ遮断薬という系統の薬では運動しても脈拍があまり上がらなくなります。同じく交感神経の働きを下げる薬のうち、アルファ遮断薬という系統の薬では立ちくらみが起こりやすくなります。山に入ったら、自分で副作用の管理もすることになるので、飲んでいる薬の注意事項を病院や薬局でよく聞いておきましょう。

また、日本人は塩分摂取量が多く、これが原因で高血圧症が多いと指摘されています。もちろん、運動時には汗から塩分がどんどん失われるので、安静時よりもプラスアルファの塩分摂取は必要になりますが、摂り過ぎにならないように注意が必要です。脳卒中が多かった一九五〇年代の東北地方では、食塩摂取量推定値は、二五グラム／日にも達していたと言われています。現在の日本人の塩分摂取量は一〇グラム／日前後ですが、これでも多いと言われ、血圧を下げ、寿命を改善させるためには、一日六グラム未満が推奨されています。行動中に塩飴ぐらいをなめても過剰にはなりませんが、下山してからの宴席や地元名物料理の食事では味の濃いものが出されがちなので、いくら運動で汗をかいた後といっても、塩分の摂取過剰になってしまうことがあります。

糖尿病

糖尿病はどんな病気？——糖尿病の原因と頻度

ブドウ糖は、生体内のエネルギー源として最も重要な成分で、脳のようにブドウ糖しかエネルギー源として利用できない臓器もあります。糖質や炭水化物は基本的にブドウ糖に分解されて利用されます。血液中のブドウ糖の量を調節するホルモンとして、血糖値を上昇させるのはグルカゴン、成長ホルモン、グルココルチコイドなどで、逆に低下させるのはインスリンです。人の体は栄養を摂ることが困難な状況に強いように作られていて、食べ物に事欠いても血糖をなんとか上げられるように血糖を上げるホルモンは複数ありますが、下げるものはインスリンだけです。つまり、人の体はもともと飽食の時代を想定して作られていません。栄養が多くて悪いことはなさそうですが、多すぎる糖質を処理することに疲れてしまうと、血糖値を下げるインスリンの分泌が追いつかなくなったり、せっかくある糖質をうまく使えなくなることが問題となります。

糖尿病という名前から、血液中の糖分が多くなり、尿に糖が混じるのが問題と考えられがちですが、尿に糖が混じることは症状の一つに過ぎず、病気の本体は血糖を下げるホルモン、インスリンの分泌不足とインスリンに対する細胞の感受性低下です。インスリンは血液中の糖を細胞内に取り込ませ、細胞が活動するためのエネルギーを供給するホルモンです。したがって、その作用がうまく働かないと、周りにある栄養を細胞はうまく取り込むことができず、栄養不足で機能できなくなります。

インスリンに対して細胞が反応できなくなる理由の一つとして、肥満に伴って生じるアディポネクチンというタンパク質の分泌量の低下があげられています。血液中のアディポネクチン濃度は内臓脂肪量に逆相関します。アディポネクチンは脂肪細胞から分泌されますが、その作用は、糖取り込み促進作用、脂肪の燃焼、インスリン受容体の感受性上昇、肝臓のインスリン感受性の亢進などで、こうした作用が低下してしまうので血糖値はさらに上がり、細胞での利用は逆に低下します。

このように「糖の利用障害」が糖尿病の症状の本質です。発症する原因から、先天的なもの、後天的なもの、他の病気や薬の影響で起こるものなどにタイプ分類されますが、糖尿病の患者さんのほとんどは、素因と生活習慣の両方の問題から発症します。先進国では高脂肪を含んだ食事、カロリー過多の食事、運動不足などにより肥満の割合が増えており、肥満に伴ってインスリン抵抗性（インスリンが血糖を下げる効果が弱くなること）になる人が増加しています。インスリン抵抗性状態が続いている人では、膵臓のベータ細胞からのインスリン分泌がいったんは増加し、ある程度の期間インスリン分泌の増加でインスリン抵抗性をカバーします。しかし、だんだんとインスリンを分泌する細胞も疲れてきて、必要なインスリン分泌ができなくなり、糖尿病を発症することになります。

日本の厚生労働省の統計によれば、成人（二十～七十九歳）における世界の糖尿病人口は二〇一一年現在で約三億六六〇〇万人に上り、成人人口の約八・三パーセントが糖尿病と見られています。日本では四十歳以上の五人に一人は糖尿病にかかっていると言われています。そして、社会的・医療的に問題なのは、病院にかからず治療を受けていない、潜在糖尿病患者が三〇〇万人近く存在していることです。厚生労働省の統計では「これまで治療を受けたことがない」という人の割合が、男性四二・〇パーセント、女性五四・二パーセントに上り、半数の人が適正な治療を受けていないことがわかりました。糖尿病と知らずに長年未治療でいると、症状が出て病院を受診したときにはすでに重大な合併症が進行し、取り返しのつかない状態になっていることがあります。

糖尿病の症状

糖尿病の典型的な症状は、多尿、口渇、多飲、体重減少などですが、初期の段階では無症状のことがほとんどです。多尿は血液中の糖分増加で高浸透圧となり、薄めきれない糖質を体から出そうとするために起こります。同じく口の渇きも血液の浸透圧が高いために起こります。そして、尿に出過ぎた水分の補給と渇きを癒すために多飲となります。体重は糖尿病の初期や軽症例では増加（肥満）していますが、重症になるにつれて脂肪やタンパク質が分解されて体重が減り、痩せてきます。糖尿病なのに、取り立てて健康管理をしないうちに痩せてくる場合は、糖尿病が急激に悪化していることを示しています。

血液中のブドウ糖濃度（血糖値）は厳密に七〇～一〇〇mg/dLの範囲にコントロールされていますが。この範囲を外れると異常と考えられ、糖尿病の検査での診断基準は以下のように決められています。

①　空腹時血糖一二六(mg/dL)以上
②　七五グラムのブドウ糖を飲み二時間後の血糖二〇〇(mg/dL)以上
③　随時（食事時間と関係なく測った）血糖二〇〇(mg/dL)以上
④　ヘモグロビンA1c六・五パーセント以上

ヘモグロビンA1cは血液中のヘモグロビンにどのぐらい糖が張り付いているかの指標で、おおむね一カ月前からの血糖値の状態を表わしていると考えられています。

糖尿病の症状で忘れてはいけないのが、併発してくるいくつかの病気です。特に、細い血管の異常が体のあちこちで起こりやすく、影響が出やすいのが、網膜、腎臓、神経です。これらの異常を「糖尿病の三大合併症」と呼び、それぞれの組織の細小血管が障害されたことで発症します。もっと太い血管にも異常は発生し、大動脈や手足の血管での動脈硬化、心臓の冠動脈や脳血管などの狭窄《きょうさく》が生じます。糖尿病はまさに全身病です。糖尿病だけでも動脈硬化の誘因になりますが、加齢、高血圧、肥満、喫煙などの因子が重なると発生する可能性が非常に高くなり、進行も速いです。糖尿病の患者さんの狭心症や心筋梗塞では、胸に痛みを感じないことが多いと言われています。これは痛みを伝える神経も悪くなっているからだと説明されています。糖尿病患者さんの心臓発作では、複数の冠状動脈に異常をきたしていることが多く、病変部もあちこちに散らばっている（びまん性病変）ことが少なくありません。

糖尿病性網膜症は、後天性失明の原因の第一位です。このため、糖尿病の診断がつくと、血糖値をコントロールする前に網膜の状態（眼底所見）を把握しておくことになります。糖尿病性腎症では、最初に微量のタンパク質アルブミンが尿に漏れ出すところから始まります。進行すると、血糖コントロールのみならず食事調整、高血圧の是正などに複合的に取り組まなくてはなりません。それでも、経過とともに人工透析が必要になっていくことがしばしば起こります。糖尿病では神経も細いものがやられます。交感神経、副交感神経で構成される自律神経機能が障害されると、体の調節機能が失われます。起立性低血圧、発汗異常、腸管運動障害などが直接感じられる症状です。感覚を伝える神経のうち、痛みや温度を伝える細い神経もやられるので、足底の違和感、手足のしびれ感が始まり、やがて全身に広がります。

糖尿病を山歩きで治す

登山を含め自分のペースで取り組める持久系の運動は、糖尿病の予防、あるいは症状の安定した糖尿病の治療として推奨されています。登山でも歩き始めのエネルギー源は主に糖質です。しかし、運動が何時間にも及ぶと血糖が低下してきて、筋肉での糖の取り込みが減少し、脂肪がエネルギー源として燃焼するようになります。激しい短時間の運動ほど炭水化物が利用され、長時間に及ぶ持久系の運動では脂肪がエネルギー源として使われるのです。ですから、糖尿病予備軍の肥満体の人、糖尿病と診断された後、適切に血糖値がコントロールされている人では、山登りは糖尿病の原因となった体型を改善するのに役立ちます。

さらに、運動はインスリン抵抗性も改善すると言われています。これは筋肉の表面にあるブドウ糖を取り込むタンパク質（ＧＬＵＴ４）が増えて、インスリンが効きやすくなるからです。また、脂肪が作るインスリン抵抗性物質ＴＮＦアルファの産生が減り、逆にインスリン抵抗性を改善するアディポネクチンが増加します。悪玉コレステロール（ＬＤＬ）を減少させ、善玉コレステロール（ＨＤＬ）を増加させる作用もあると言われています。

激しい運動では血糖を上昇させるホルモン、アドレナリンやグルカゴンなどが分泌され、運動時のエネルギー供給を高めようと働きます。もともと血糖が高いと非常に高血糖になってしまう恐れがあるので、運動前に血糖値を正常に近い範囲までコントロールしておく必要があります。登山でも体を鍛えようとして、急激に負荷を上げてしまうと同様なことが起こるので、糖尿病予防、糖尿病対策として山を登る場合は、激しすぎないように体への負荷のかけ方を調節する必要があります。

糖尿病と診断された人が山歩きで注意すること

血糖値のコントロールされた糖尿病患者さんにとって、山登りのような有酸素運動はいいこと尽くめのようですが、いくつかの注意も欠かせません。まず、インスリンなどの血糖を下げる薬を使用している場合、血糖が下がりすぎる恐れがあります。運動自体で血糖が下がってくるので、薬の作用と相まって、下がりすぎる恐れがあるわけです。

血糖値は、正常な状態では七〇 mg/dL 以上に維持されています。何らかの原因で六〇 mg/dL 以下になると低血糖症状が生じます。ありがちなのが、食事を抜いたり、糖尿病治療薬の作用が強く出すぎた場合ですが、筋肉はブドウ糖の利用率が高いので、激しい運動をした場合にも下がりすぎ

「糖尿病が強く疑われる人」の割合

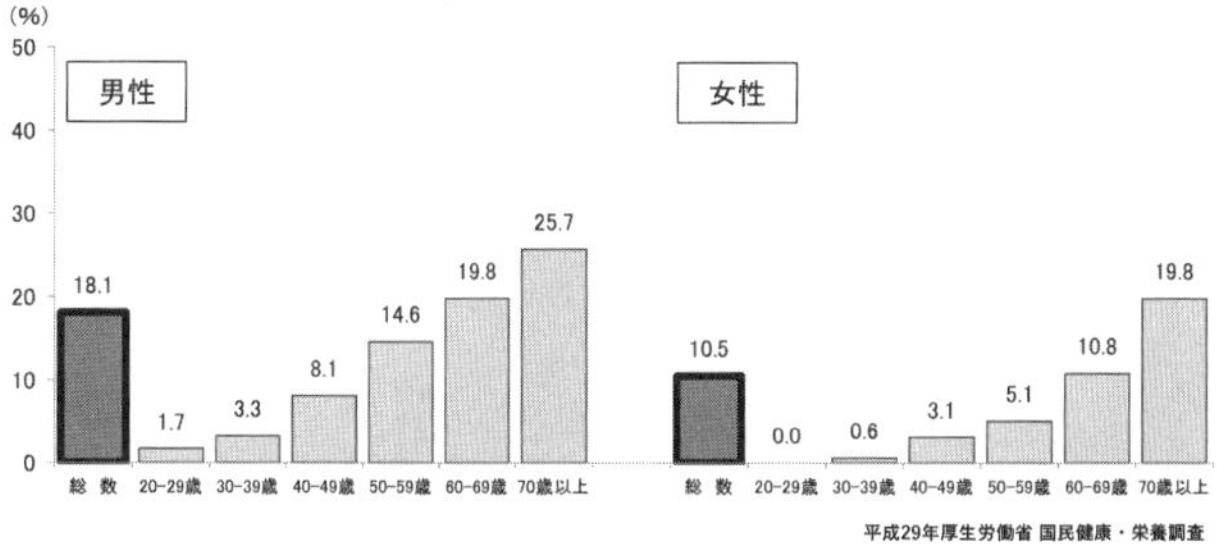

平成29年厚生労働省 国民健康・栄養調査

症状はないものの、検査で糖尿病が強く疑われる人は多い。40歳代から比率が上昇し始め、高齢になるほど増加する。

こまめなカロリー摂取で低血糖を予防する。運動で糖質を消費しているため、栄養摂取の間隔が空いてしまうと、血糖が危険なレベルにまで低下することがある。

低血糖の主な症状

吐き気	気分不快	不機嫌
発汗	動悸(心臓がどきどきする)	ふるえ
視覚の異常	意識障害	けいれん

低血糖の症状は軽い症状から始まるが、糖質がないと活動できない神経細胞の機能が特に低下し、悪化すると自分では対処することができなくなる。

ることがあります。山登りでは、行程のキリのよいところで食事にすることが多いですが、食事の間隔が普段より開きすぎたり、思わぬ予定変更で食事摂取が予定どおりにできなかったりという場面で注意が必要です。また、カロリー消費の多い登りでは気合を入れすぎないようにしましょう。

登山とは直接関係ありませんが、糖尿病の人が、あまりつまみなどを食べずに大量飲酒をした後に低血糖発作が起きやすいことが知られています。アルコールは肝臓での糖の産生を抑制することで低血糖を起こします。肝硬変と診断されている人や胃の手術を受けている人、糖尿病の薬を間違って多く飲んでしまった人などでも低血糖発作が起こります。

低血糖状態に陥ると糖質を最も必要とする脳細胞に影響が現れますが、いきなり意識がなくなることはまれです。体に備えられている血糖を上げるグルカゴン、アドレナリン、成長ホルモン、グルココルチコイドなどのホルモンのうち、グルカゴン、アドレナリンや交感神経系が血糖値を上昇させようと踏ん張ります。これらの作用により、冷感、動悸、脱力感、手の震えなどが起きます。その他、生あくび、目の焦点が合わない、考えがまとまらない、急に腹が立つなどの症状や、ケイレンが起こることもあります。糖尿病を長く患っている人では低血糖のエピソードを経験していることが多く、症状はすぐに気付けるようです。

低血糖に陥らないためには、まずは出発前の血糖コントロールをよくしておくことです。そして、運動の強度が強くないルートを選び、登りで速度を上げすぎないようにペース配分しましょう。行動中もすぐに口に入れられる、飴などの携帯しやすい間食をいつもポケットに入れておき、こまめに糖分を摂取することが必要です。登山が行なわれる環境では、水の供給にも制約がある場合が多いので、多尿になっていなくても、腎臓の機能を悪化させないためには健康な人以上に脱水に注意する必要があります。

もし、低血糖の症状が出てしまったら、吸収の速い糖質入りの飲み物で素早く対処しましょう。固形物よりも液体のほうが飲み込むのが簡単で、消化管から短時間で血液に移行します。そして、症状が落ち着くまではエネルギー消費を抑えるために安静にしなくてはいけません。意識障害があるような重篤な場合には、救助要請して医療機関に収容し、すぐさまブドウ糖の静脈注射をする必要があります。

糖尿病でもう一つ注意しなくてはならないのが、合併症の存在です。糖尿病では、目の網膜や、腎臓、血管、神経がやられます。こうした合併症を持つ人が山に行く場合は、非常に慎重に判断する必要があります。ちょっとした脱水で腎臓が全く機能しなくなったり、動脈硬化に陥った血管が詰まって脳梗塞や心筋梗塞を起こす恐れがあるからです。糖尿病で合併症を併発している場合には、しっかりと各臓器の機能をチェックし、運動の実践も専門家と相談してからの方が無難です。山に出かけるのは病院でのリハビリ治療が軌道に乗ってからで、短時間のハイキングでも監視してくれるしっかりしたパートナーが欠かせません。

慢性閉塞性肺疾患

慢性閉塞性肺疾患はどんな病気？

肺の病気にはさまざまな分類がありますが、大まかに分けると、結核や肺がん手術後などに肺の体積が少なくなる拘束性障害と、肺の奥まで空気が出入りしない閉塞性障害があります。また、両方の病状を持つ混合性障害もあります。これらのうち日々の健康管理で相当防ぐことができ、患者数も圧倒的に多いのは閉塞性障害です。閉塞性になる原因にはアレルギー性のものと感染性のものがあります。アレルギー性のものの代表は喘息で、感染性のものの代表が肺炎、気管支炎です。両者はキッチリ分かれるわけでもなく、アレルギー性の疾患でも感染を併発することはしばしばあり、また、感染性の呼吸器疾患でも、気道が過敏になるので、喘息のような発作性の咳を生じるようになります。高齢の慢性気管支炎の患者さんや肺気腫の患者さんでは、喘息の薬も服用されていることがほとんどです。

慢性閉塞性肺疾患では難しい漢字が並んでしまうので、英語の病名（chronic obstructive pulmonary disease）の頭文字から〝COPD〟の略称で呼ばれることが少なくありません。炎症やがんの原因となる物質を含んだ煙を繰り返し吸入する喫煙がCOPDや肺がんの発症、悪化につながるということは確立した知識になっていて、喫煙率の高い国ではこれらの肺の病気の患者が多くなります。

閉塞性肺疾患では、息を吐き出すのが苦手になります。息を吐き出すには、横隔膜《おうかくまく》と肋間筋《ろっかんきん》が収縮して、肋骨と横隔膜で囲まれた胸隔内に、息を押し出すための圧力を生じさせなくてはなりません。しかし、空気の通り道（気道）の壁がチリやホコリによる慢性的な炎症で傷んでいると、吐くときの圧力で気道の壁が潰れてしまい、空気の通り道が潰れ、息がうまく吐き出せなくなります。人がたくさんいる体育館で、狭い一つの出口から一斉に人々が出ようとすると、出口に押し寄せた人の圧力でなかなか人が出ていけないのと似ています。

閉塞性肺疾患の検査として一秒率や一秒量という指標が使われています。最初の一秒で一気に吐き出せる空気の量（一秒量、リットル）を肺活量で割り、一〇〇をかけた数値が一秒率です。細い気道が狭くなっている人では、この値が小さくなります。標高が高く空気の薄い山の上でたくさん呼吸をしなくてはいけない山登りでは、肺の奥まで空気をスムーズに出し入れできることは大変重要なので、この値が低下しては困ります。一秒率は七〇パーセント以上が正常で、一秒量が一リットルより少ないと、痰を吐き出すことが難しくなり、肺炎になりやすくなります。

年齢とともに一秒量は減少するので、この値から肺の若々しさを評価する、肺年齢という指標が提唱されています。長期に喫煙をしていると、気管支が弱っていることが多く、この検査の値は下がります。禁煙決断のよいきっかけになるかもしれないので、喫煙者にはぜひ測定してほしい指標です。

《日本呼吸器学会【肺年齢計算式】（十八～九十五歳）》

男性：肺年齢＝{0.036 × 身長（cm）−1.178−FEV 1(L)}/0.028

女性：肺年齢＝{0.022 × 身長（cm）−0.005−FEV 1(L)}/0.022

例えば、身長一七〇センチ、一秒量（FEV 1）三リットルの男性の場合、{0.036 × 170(cm)−1.178−3.0}/0.028=69.4 歳

となります。

慢性閉塞性肺疾患を山歩きで治す

閉塞性呼吸器疾患の患者さんには、空気の通り道に溜まった痰をこまめに吐き出して通り道が塞がらないようにする気道浄化指導、排痰指導が行なわれます。具体的には、体の姿勢をいろいろ変えること、深呼吸やハフィングと呼ばれるハッハッという息を何度か繰り返すこと、胸をトントン叩いたり、息を吐き出すときに振動が加わる器具を口に加えることなどで、いずれも肺の奥に溜まった痰を口に近い方に動かすことを目的としています。また、腹式呼吸で肺の奥までしっかり空気を吸い込むこと、息を吐くときに口笛を吹くように口をすぼめ、息を吐きながらも肺の奥に向かって少し圧力をかけて、肺の奥や細い空気の通り道が潰れないようにすることなども推奨されます。

　こうした呼吸の工夫は、実は登山の現場では誰が教えることもなく普通に行なわれています。山の登りでは立ち止まって深呼吸を繰り返し、呼吸を整えている人を見ることは珍しくありません。大きく吸って口笛を吹くように、あるいはヒューと音を立てながら息を吐くのは、山に荷物を持ち上げる歩荷さんやポーターがよくやる呼吸です。山道の段差の上り下りでは、体全体が大きく動き、振動もそれなりに加わります。実は山の登り始めは少し痰が出るなと自覚される人は少なくありません。山登りはそのものが気道浄化の繰り返しと言ってもよいでしょう。そして、人の少ない広々とした山の上で、雄大な景色を愛でながら両手を広げて大きく深呼吸することぐらい気持ちのよいことはないでしょうし、これこそ肺の奥までキレイな空気を出入りさせる肺の浄化そのものです。感染症対策の呼びかけのもと、市街地では咳も、痰出しも、深呼吸も申し訳なさそうにしかできませんが、そんな生活でストレスが溜まっている人にとって、山の上の深呼吸は最高だと思います。

　このように、閉塞性呼吸器疾患の予防、あるいは軽症の方の回復促進を目的として、登山の場で気道浄化を図り、合わせて呼吸筋を鍛えることは非常にお勧めです。肺活量を十分に使うことで、肺の奥に溜まった痰を出すきっかけにもなり、登りの呼吸筋へのストレス負荷で横隔膜や肋間筋の筋力が強くなります。ただし、山の上の乾燥した冷気には気をつけなくてはならないので、冬山や高所での登山は呼吸器系に不安のある人には不向きです。もちろん、軽い呼吸器の疾患であれば、多少呼吸はしづらくなりますが、マスクを使用して気道の乾燥や冷却を防ぎながら歩くという方法もあるので、症状の落ち着いていることを確認しつつ少しずつ試してみてもよいでしょう。マスクをして登山をする場合、山の冷たい空気でその通り道が冷やされないのは利点ですが、逆に、夏季には吐く息からの熱の放散も少なくなるので、熱中症に注意が必要になります。

ところで、二〇二〇年春の新型コロナウイルス感染症拡大時には、マスクをしながらの運動も提案されました。もともと、マスクをしての運動は競技選手の呼吸筋を積極的に鍛えるために提案されていました。高所で開催されたメキシコ・オリンピックの前には、選手の強化に採用されたという話があります。登山でも呼吸筋をもっと鍛えておきたいという積極派は、普段からマスクをして取り組むのもよいでしょう。呼吸筋がしっかりしていると、少々の肺炎で人工呼吸器のお世話になることもなく、痰出しも楽にできるようになります。感染防止の観点からマスクをする場合には、呼吸がしずらすぎることがないように、アゴ側に空気が抜けるタイプのランニング用マスクなどを利用するとよいでしょう。

登山の現場は呼吸器疾患の予防や軽症例の症状改善につながりますが、自分自身で呼吸機能の評価、呼吸器疾患の診断をすることもできます。日本の医療機関では肺の機能の指標にFletcher, Hugh-Jones分類という方法を使いますが、Ⅰ～Ⅴ段階の分類のⅡ段階目ですでに普通のペースでの階段の上り下りが困難になります。諸外国で用いられるMRC分類でも坂を息切れせずに登れるか、丘に登れるかなどを診断基準にしています。重力に逆らって坂を苦痛なく登れるかどうかには

山の上で思いっきり深呼吸することで肺の隅々まで空気の入れ替えを行なうことができる。肺全体をムダなく使うことが登山の能力向上にもつながる。

マスクをして登山することで冷気による気道の冷却や乾燥を防げるが、夏季には熱中症に注意が必要となる。

Fletcher, Hugh-Jones の分類

1度(正常)	同年齢の健康者と同様に、仕事、歩行、階段の昇降ができる
2度(軽度)	平地は同年齢の健康者と同様に歩けるが、坂や階段は健康者と同様に登れない
3度(中等度)	平地も健康者と同様な歩行はできないが、自分の歩調ならば約1.6km以上歩ける
4度(高度)	休みながらでなければ、約50m以上歩けない
5度(非常に高度)	話したり衣服を着脱するだけで、息切れがして外出もできない

Fletcher, Hugh-Jonesの分類は、呼吸機能の推測に病院で広く利用されている。坂道を登る能力が呼吸機能の判断基準になっている。

呼吸の能力が強く影響するので、肺の機能を評価するときに目安になると考えられているのです。慢性気管支炎や肺気腫などは年齢とともに罹患頻度が急速に高くなる病気ですが、こうした病気が基盤にあると「登山」という運動は極めて大変になります。登山で登りが以前より大変になったと感じたら、Fletcher, Hugh-Jones 分類のⅡ度に相当し、呼吸器の病気が始まったのかもしれません。

慢性閉塞性肺疾患と診断された人が山歩きで注意すること

呼吸器の病気を持つ人が運動する場合にはいくつかの注意が欠かせません。その一つに exercise induced asthma（運動誘発性喘息）という喘息のタイプがあります。喘息などで気管や気管支が過敏な人では、運動で呼吸が荒くなると、気道の粘膜が刺激され発作を起こしやすくなります。特に乾燥した外気や冷たい空気が気道を刺激しやすいと考えられます。肺や気管支に不安のある人が登山をする場合、外に出て歩き始める前に十分にウォーミングアップを行ない、体を温めておくことが大切です。また、症状が安定して、運動を勧められている喘息の人が山に出かける場合は、発作を起こしそうになったとき用に、あるいは運動開始前の吸入用に、喘息薬の吸入器を持ち歩きましょう。もちろん、喘息発作を起こしているときや起こしそうなとき、例えば風邪を引いた後とか、寝不足のときなどは、運動を控える必要があります。慢性気管支炎で微熱が出ているときも運動は不適当です。あくまでも体調が落ち着いている状態で山へ出かけて下さい。

山でも喫煙する人は少なくありません。習慣で吸っている人たちは、雄大な景色を眺めながら煙を吐くと、一段と気分が落ち着き、愛煙家冥利に尽きると言います。しかし、そういった精神的な側面を除くと、医学的、保健学的にはよいことは全くありません。まず、直接的な影響として、タバコの煙には一酸化炭素が含まれており、これが、赤血球ヘモグロビンの酸素が結合すべきところに先に結合してしまいます。一酸化炭素は酸素より二五〇倍もヘモグロビンに結合しやすく、一酸化炭素が結合したヘモグロビンは酸素を運べなくなるので、ヘモグロビンから酸素をもらっている細胞は、その分だけ低酸素状態になってしまいます。ヘビースモーカーでは一〇パーセントくらい、ときどき吸うくらいでも二~五パーセントほどのヘモグロビンが一酸化炭素で占拠されてしまうので、少しでも酸素の取り込みをよくしなくてはいけない登山では、非常に不利な状況を作り出していると言えます。そして、長期的に見れば、気管、気管支、肺胞を埃まみれにして、肺の機能をどんどん下げていくので、長く登山を楽しみたいと思ったら、すぐにでも禁煙を心がける必要があります。

血栓症（脳梗塞、心筋梗塞、肺血栓症、下肢静脈血栓症）

血栓症はどんな病気？

血液には血管が破れたところを塞いで、出血が続かないようにする仕組みが備わっていて、敵に襲われて噛まれたり、ケガで血管が切れて出血してもすぐには出血多量で命を落とすことがないようになっています。ところがこの機能が、破れていない血管の中で発揮されてしまうと、血管の中に詰まり物（血栓）ができて正常な血流を妨げることになります。血液は身体中を淀みなく流れていることが前提とされているので、何らかの理由で血液の流れが止まった状態が長時間続くと、血管の中でも固まり始めます。体を動かせなくなった寝たきりの人に起こりやすい症状ですが、窮屈な姿勢を長くとっていると、本来は動ける人でも、血液の流れに滞る場所ができてしまい血栓症が発生します。飛行機のエコノミークラスの狭いシートに納まって長時間移動するときにも起こるので、エコノミークラス症候群の名前がよく使われるようになりました。また、災害時に自家用車内で寝泊りすると起こりやすいことも知られるようになりました。

血栓は重力の影響で体の下の方の流れの遅い静脈にできやすく、特に、脚の脛の静脈によくできます。また、不整脈がある人の心房の中にもできることがあります。できた血栓がその場に止まってくれていると影響は局所で済みますが、しばしば、できた血栓が何かのはずみにフワフワっと動き始めます。そして、血液の流れに乗って生命機能に直結する臓器に詰まると大変なことが起こります。代表的なのが、脳の血管に詰まる脳梗塞、肺の血管に詰まる肺梗塞、心臓の冠状動脈に起こる心筋梗塞です。脳に行きやすい血栓は左心房に、肺に行きやすい血栓は脚の静脈に、冠状動脈を塞ぎやすい血栓は冠状動脈の根本の方にできます。

生まれつき血栓ができやすい人、別の病気の影響で血栓ができやすい人、服用している薬の影響で血栓ができやすい人もいますが、血液がドロドロしやすい食生活の人や動脈硬化で血管の壁が傷んでいる人も要注意です。また、ときどき山に登るくらいであれば問題になりませんが、気圧の低い高所に長期間滞在すると、酸素輸送能を高めるためにヘモグロビンや赤血球が増加して血液がドロドロしてくるので、そうした場合も起こりやすくなります。

血栓症を山歩きで治す

医療機関で行なう血栓症に対する治療は、急性期では脱水の補正、できてしまった血栓を溶かす溶解療法、場合により手術的な血栓の摘出などですが、症状が出てから処置までの許容時間が限られていたり、血の塊を溶かしながら片方で血が出やすい処置をするので、実際にできるかどうかは微妙なケースが少なくありません。時間が経ってからの治療や予防策としては、抗血栓薬の内服やリハビリテーションが中心です。抗血栓薬は血液サラサラの薬と呼ばれている薬です。

血栓症の予防、再発防止はなんといっても運動です。体の中で血液が淀むことが悪いので、全身を広々と伸び縮みさせる運動が理想的です。飛行機の中では全身を伸ばせるほどのスペースがないため、足首を動かすなどの運動しかできませんが、広い山の中を闊歩するのであれば、いやおうなしに全身を動かします。もちろん、血液をドロドロにしないことが大切なので脱水補正は欠かせません。人間より体温が高い四つ足動物の脂肪分は人間の血管の壁に張り付きやすく、魚類の脂肪は逆に壁についた脂肪分を溶かす方向に働くと言われています。実際、DHAなど魚由来の脂質は血栓症予防の薬剤、サプリメントとして広く使用されています。旧来の日本食やエスキモーの食生活をライフスタイルに取り入れることは血栓症の予防になるとされています。重症の血栓症を起こした直後は、さすがに山で運動ということにはなりませんが、軽症の場合、あるいは予防としては山での運動はお勧めです。

血栓症と診断された人が山歩きで注意すること

何らかのタイプの血栓症と診断された、あるいは血栓症になったことがあるという場合は、循環器系の専門医でしっかりと病状説明を受けてから運動を始めることが必要です。どの程度の運動までなら大丈夫かを、いくつかの検査で評価してもらってからでないと、運動を始めたら突然死などということが十分あり得ます。それに、山岳地帯では何か起こってもすぐに医療機関に収容できないことが多いので、血栓症の急性発作リスクがある場合、運動の場所としては原則勧められません。本人はポックリ逝けて本望だとうそぶいてみても、収容に向かう救助隊や家族は大変ですので、もしものときの態勢も含めて慎重に考えてから行動しましょう。

また、長期の高所滞在では、酸素輸送能を上昇させるために赤血球増多の状態となり、血液の粘《ねん》

血栓症の危険因子

先天性血液凝固能亢進	アンチトロンビン欠乏症など血液が固まりやすい遺伝的素因
血流停滞	長期臥床、肥満、妊娠、心肺疾患
	全身麻酔、下肢麻痺、下肢ギプス包帯固定、下肢静脈瘤
	長時間座位(旅行、災害時)、他
血管内皮障害	各種手術、外傷、骨折、カテーテル検査・治療
	血管炎、抗リン脂質抗体症候群、膠原病、喫煙、静脈血栓塞栓症の既往
血液凝固能亢進	悪性腫瘍、妊娠、産後、各種手術、外傷、骨折、熱傷
	薬物(経口避妊薬, エストロゲン製剤など)
	感染症、ネフローゼ症候群、炎症性腸疾患、多血症、抗リン脂質抗体症候群
	脱水

血栓症の危険因子はさまざまあるが、先天的な素因や病気の影響を除くと、体を頻繁に動かせているかどうかが決め手になる。

代表的な脂肪酸の種類

飽和脂肪酸	肉類に多い		パルミチン酸
			ラウリン酸
			ミリスチン酸
			ステアリン酸
不飽和脂肪酸	一価不飽和脂肪酸	オメガ9	オリーブオイルなど
			オレイン酸
	多価不飽和脂肪酸	オメガ6	サラダ油など
			リノール酸
			アラキドン酸
		オメガ3	魚の油など(n-3系多価不飽和脂肪酸)
			DHA(ドコサヘキサエン酸)
			EPA(エイコサペンタエン酸)
			アマニ油など
			αリノレン酸

魚の脂は血栓予防になることが各種の研究で確認されていて、薬品やサプリメントとしても広く活用されている。魚を主な食材としている種族には血栓症が少ない。

稠《ちゅう》度が増加します。そして、高所での登山活動では汗だけでなく吐く息からの水分ロスが多くなり、脱水による血液濃縮の危険性は低くありません。高い山で活動する場合は普段の何倍も脱水対策をしておく必要があります。

食事に関しては、普段から魚菜中心の食生活で血液サラサラ系を目指すことが勧められていますが、併せて禁煙も大切です。喫煙は血管を収縮させる作用を持ち、組織循環を悪化させます。また、一酸化炭素へモグロビンを生成することにより、酸素を運べないへモグロビンの分だけ赤血球が増えるので、多血症を引き起こし血栓症のリスクを増大させます。アルコール類はほどほどならば血管を広げる方向に働きますが、利尿作用があるので、飲んだ後は脱水になりやすく、冷静に水分補給をしながらたしなむ程度に留めておく必要があります。

一度、血栓症を起こすと、あるいは起こしそうな病気になると、医療機関で抗血栓薬がよく処方されます。長生きの薬とか血液サラサラの薬と漠然と説明されるかもしれません。血栓症を予防する観点からはそのとおりですが、血液を固まりにくくしているので、ケガをして血管が切れても、普通の人のようには血が止まらないことになります。大きなケガをしたり、頭を打って頭蓋骨の内側に出血したりすると、内服していない人よりも圧倒的に出血が多くなり、場合によっては命を落とす可能性もあります。抗血栓薬を内服している場合にはケガに十分注意することが大切で、転落や転倒のリスクの高いコースは避けるようにしましょう。

認知症

認知症はどんな病気?——認知症の始まり方

認知症というと、会話も通じず、意味もなくあちこち徘徊して社会的な活動ができない状態をイメージする人が多いですが、突然そのような状態になることは稀で、日常生活は全く普通にできていながらも、普通の人以上に物忘れが多くなったなどの軽度の神経の機能低下で始まります。通常は実に理路整然と話ができ、合理的に物事を処理できる人が、環境の急変時などに、パニックに陥ってしまって冷静に対処できなくなることも含まれます。重症になって社会生活ができなくなった人が一人で山登りに行くことはまずないでしょうから、ここでは、普段とは急に状況が変わったときに事態を解決する能力が低下し始めた状態ぐらいをイメージしてください。

年をとるにつれて脳の細胞数は減っていきます。また、神経細胞は大変デリケートにできていて、血流障害や低血糖、酸素不足に短時間さらされただけで容易に細胞死となります。特別病気にならなくても、神経細胞の数は一日に八から九万個死ぬという説もあります。脳梗塞や脳出血は神経細胞死を起こす代表的な病気です。一般に脳の太い血管が詰まる脳梗塞はさまざまな神経症状をもたらすので、すぐに気づかれ「病院へ」となりますが、当人も気がつかないような小さな梗塞が繰り返しいろいろな場所に発生して、脳の機能がだんだんと落ちてくることも珍しくありません。もっとも、脳や脊髄は生きていくために重要な臓器なので、さまざまな補償機構も持っています。病気やケガ、年齢による神経細胞の減少で一部の神経回路が機能を失っても、別のまだ生き残っている神経細胞とその神経結合（シナプス）が、死んだ細胞の役割を代行して生活や生命維持に必要な機能を維持してくれるのです。最終的に補償機能もすべて廃絶してしまえば、機能が全く果たせなくなり、異常が明らかになります。「認知症」やそのほかの原因による神経機能の低下は誰にでも起こる可能性があり、少しずつ進んでいくものと考えておいた方がよいでしょう。

認知症の段階と頻度

「認知症」の定義は、「後天的な脳の器質的障害により、いったん正常に発達した知能が低下した状態」です。かつて「痴呆」と呼ばれていましたが、差別的なイメージを払拭するために改名されました。老化に伴って物覚えが悪くなるといった誰にでも起きる程度のものは含めず、病的に能力が低下するもののみを医療機関では「認知症」と診断します。統合失調症など、いわゆる精神疾患による判断力の低下や、頭部の外傷により知能が低下した場合も分類上「認知症」に含めません。

認知症になる原因として、脳血管障害、アルツハイマー病（神経細胞に不要なタンパク質や脂肪が蓄積して、細胞を破壊していく病気）などの変性疾患、正常圧水頭症（頭蓋骨の中のショックアブソーバー水が異常に溜まる病気）、ビタミンなどの代謝・栄養障害、甲状腺機能低下などがあります。脳血管障害とアルツハイマー病が混在して認知症の原因となっている、「脳血管障害を伴うアルツハイマー型認知症」も多いようです。

日本の高齢者（六十五歳以上）での有病率は三・〇～八・八パーセントと言われており、今後二〇二六年には一〇パーセントに上昇するとの推計もあります。六十歳以上で一～二パーセントとされ、七十五歳を超えると急激に高くなります。また、軽度の認知障害に対しては、「軽度認知障害」や「加齢関連認知低下」という診断名も使われます。「軽度認知障害」は、正常老化過程で予想されるよりも認知機能が低下している認知症の前段階で、記憶機能低下が主たる症状です。この状態から「認知症」に進行するまで、五～十年かかるとされています。「加齢関連認知低下」は、六カ月以上にわたって緩やかに認知機能が低下していく状態で、記憶・学習、注意・集中、思考、言語、視空間認知などにさまざまな障害が出てきます。

認知症を山歩きで予防する

運動をすると脳の細胞が活性化するので、習慣的な運動が認知症の予防になるとされています。認知症が気になってきたら活動を控えるのではなく、活動意欲を高め、活動を維持することが重要です。また、複雑な仕事をこなしている人は認知症になりにくいと言われています。ですから、体を動かすスポーツはすべからく認知症の予防になり得ますが、速く走る、重いものを持ち上げるなどの比較的単純な筋肉運動系のものよりは、考えつつ活動するタイプのものの方が、神経細胞の活性化には役立ちます。登山では、さまざまな環境変化を認識して、次にどこに足を置き、どこに手をかけなどの対応方法を判断しつつタイミングよく筋肉の運動へとつなげていきます。足を置く場所、手をかけるところも平坦ではなく、一歩一歩が全て異なるので、複雑な作業の繰り返しになります。そして、少し長い時間の単位で、進む方向やスピード、水分・栄養補給、天候変化などを考えながら取り組みます。スポーツの中では非常に複雑な部類に入るでしょう。特に、同じ山登りでもルートファインディングに注意が必要な複雑なルートの方が認知機能のトレーニングには役立つと言えます。地図やガイドブックを見て、経路のイメージを反芻してから歩行を開始するならば、頭の活性化につながり、合わせて道迷いのリスクも低くなります。

老化の過程で神経細胞の結合（シナプス）が減ることで認知症が明らかになるとすれば、その目減りに対抗するためにあらかじめシナプスの数を増して余裕をつくっておくことも認知症予防に有効です。認知症が気になる年齢に達するはるか前から、脳を激しく活動させ、脳のシナプスを密に増生させておくことが加齢による神経機能低下を遅らせます。山登りでも、行き当たりばったりのハイキングや先導者についていくだけの登山ではなく、しっかりと地図やガイドブックで情報収集し、現地で計画コースと合っているか照合しながら歩く登山を心がけることで認知症予防ができます。

脳の部位別細胞数の減少

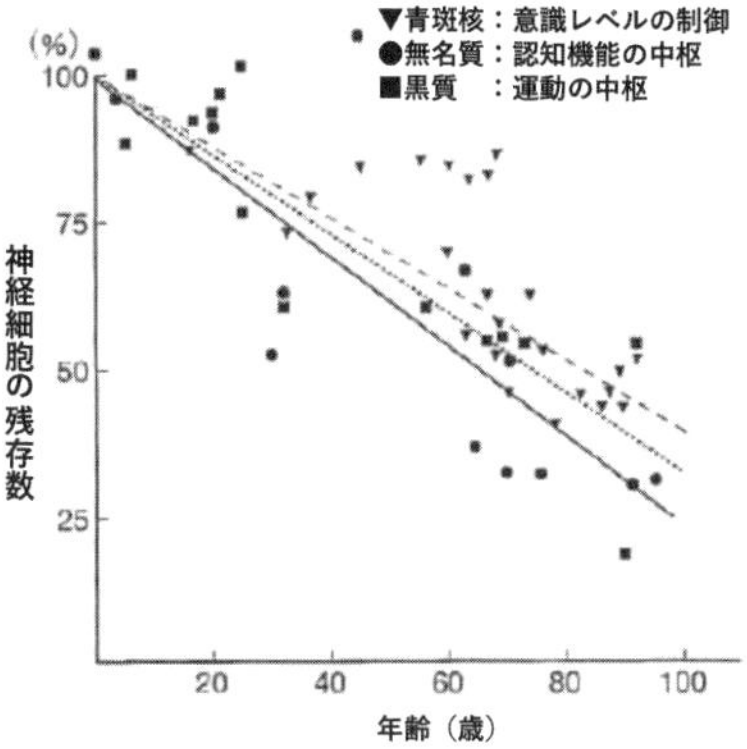

McGeer PL, Parkinsonism and Aging, Raven Press, 1989, 25.

思春期を過ぎた頃から年齢とともに神経細胞数は減少する。認知機能や運動能力に関係した部位の減少速度が速い。

65歳以上の認知症有病率

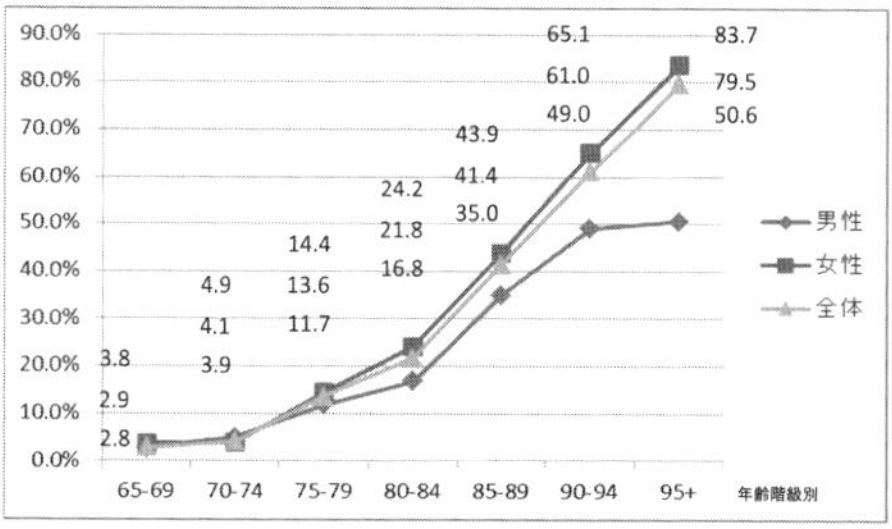

厚生労働省 認知症対策総合事業報告書 平成21-24年

認知症は高齢になるほど年齢別人口あたりの比率が高くなる。特に70歳代後半から罹病率が急速に高くなり、女性の上昇速度が速い。

認知症予防になる食生活

基本的な考え方	バランスのよい食事
	摂取カロリーを守る
	塩分を控える
	間食、糖分を控える
認知症予防になる食べ物	魚
	緑黄色野菜、豆類、果実類
	カレー
	コーヒー、緑茶、赤ワイン
認知症を悪化させやすい食品	肉の脂身
	マーガリン、ショートニング

認知症予防になる食生活は、動脈硬化の予防とほぼ同様になっている。糖質と脂質の摂取が過剰にならないように心がける。

頭を使う習慣のほかに、食べ物をよく噛むこと、社交の場に積極的に出ること、ストレスを避けることなども認知症予防によいとされています。認知症と食習慣の関係はいろいろと調べられていて、一週間に一回以上、魚または海産物を食べる人は認知症になりにくいとか、一週間に三回以上果物と野菜のジュースを飲む人はアルツハイマー病になりにくいなどの報告があります。野菜や果物に含まれる色素成分のカロテノイドや、ビタミンB6、B12、C、E、葉酸などが脳の活性化に役立つとされています。また、魚に多いn-3系統多価不飽和脂肪酸のα－リノレン酸、DHA、脳内で酵素によってDHAに転換されるFPAは脳の活性化に役立つと広報されています。大豆に含まれるレシチンも、神経伝達物質アセチルコリンの材料となるコリンに分解されるため、記憶障害を改善する効果があるとされていて、アルツハイマー病の予防が期待できるという報告もあります。カレーの成分のクルクミン、イチョウ葉エキスの主成分フラボノイドとギンコライドなども脳の機能低下を予防すると報告されています。ただし、インターネット広告などで特定の食品並びにその成分に対して認知症予防効果が強く謳われていますが、どれかを大量に摂取するよりは、偏らずさまざまな食品を摂ることが重要です。極端な栄養失調の人に補充したら認知機能がよくなったという報告や、動物実験のみの報告を過大に評価することは危険です。普通に健康的な食事と運動を心がけることが一番の認知症予防になります。

認知症予備軍と診断された人が山歩きで注意すること

遭難の原因で最多のものは「道迷い」です。地図・コンパスの不携帯や、地形図に関する不勉強など自業自得の場合も少なくありませんが、悪天候による視界不良や登山道の崩壊など、同情の余地のあるケースもあります。そして、忘れてならないのは登山者自身の認知機能の低下です。体調不良による一過性の意識レベルの低下ならば体調回復で問題が解決するかもしれませんが、もともとの脳の機能低下が原因の場合はその場では解決しません。認知機能の低下は環境が変わったときに表に出ることが多いので、登山活動中の天候急変や道迷いのときには、認知症前段階の人でも異常が起こりやすくなります。街中であれば、見かけた人が異常な行動を察知してうまく誘導してくれるかもしれませんが、山中では大きな遭難につながりかねません。不安のある人は危険度の高いコースは避ける、単独行動を避ける、イザというときのために家族に活動の計画を詳細に伝えておくなどの一般的な注意事項をしっかり守りましょう。

出かける前の日頃の注意として大切なのは、生活習慣病の予防です。脳を始めとする神経組織の老化は、純粋に神経組織の変化のみによって起こるわけではなく、体のさまざまな病気によって影響を受けます。生活習慣病をもっていると内臓の老化が全体として速く進むと言われますが、脳もそうした臓器の一つです。いわゆるメタボリックシンドロームはアルツハイマー病になりやすいと報告されています。そして、高血圧症と糖尿病は老化促進因子の代表格です。どちらの病気も血管の老化を速めるため、それに伴って脳の動脈硬化が進み、慢性的に脳血流を低下させて脳の機能全般を低下させます。運が悪ければ、脳梗塞や脳出血を起こし、神経細胞が一気に減少して、自立した生活が困難なほど身体機能が低下してしまいます。

ところで、登山者には愛飲家が多く、下山後の地ビールや地酒を楽しみに歩いている人もいます。もちろん、アルコールを飲んで酩酊すれば認知機能は極端に低下するので、活動中のアルコール摂取は禁物です。下山後に適量楽しむ程度であれば、脳の長期の機能に害がないばかりか健康長寿に効果的と報告されています。問題は「適量」とはどのくらいかということで、目安として日本酒なら一合、ビールで大瓶一本、ウイスキーならダブルで一杯ぐらい（アルコールの一単位）です。深酒の習慣はアルコール中毒を招き、アルコール性の認知症を誘発します。肝硬変やメタボリックシンドロームなどの全身の疾患を招けば、それも認知症の誘因となります。

登山で臓器を強化する

ここからは、体の抵抗力をつけるために鍵となる臓器について、その役割とパワーアップの方法について解説します。

呼吸器系の強化

肺の仕事ぶりを見極めながら山を歩いてみる

山の登りでは「息が上がる」のが普通です。平地でも運動するとハアハアしますが、登山の登りでは、少しペースが速いとすぐに「息が上がる」と感じることは少なくないでしょう。登山道としては決して急ではない一五パーセントの傾斜でも、平地歩行の三倍ぐらい消費カロリーは上がり、それに応じて呼吸が激しくなります。どんな種類の運動でも、運動すると酸素の需要が増え、排出すべき二酸化炭素の発生も増えるので、取り組もうとする運動の強度に応じて呼吸器系を鍛錬する必要がありますが、登山の場合は標高差や登山道の傾斜、歩行速度が呼吸器系への負荷を決める要素です。具体的には、外気から酸素を取り込み、体で発生した二酸化炭素を排出するための器官である、肺や気管・気管支などを健全に保ち、それらを取り囲む呼吸筋群を鍛錬することが求められます。登山の登りでは少し歩行速度を調節するだけで、これらの器官への負荷を変えることができ、その際の息の上がり方を呼吸機能の指標とみることができます。

荷物を背負って登るときには、自分の体重に加え荷物の重さも重力に逆らって持ち上げるために、一層大きなエネルギーが必要となり、酸素の消費と二酸化炭素の発生も下りや空身のときよりも大きくなります。それに応じて呼吸の必要量は非常に大きくなります。また、三〇〇〇メートルを超えるような高い山の登山では、酸素の圧力が低い環境で運動することになるので、呼吸器の健康状態はさらに重要になります。低い山なら大丈夫でも、高い山では厳しいということは決して不思議ではありません。このように〝呼吸のしんどさ〟を感じたら、自分の肺がどんな理由で根を上げそうになっているのか深呼吸をしながら考えることで、肺の健康度や今の自分に適した歩行スピードが理解できます。

空気の通り道をキレイに

通常は鼻を通して息をしますが、これにはちゃんと理由があります。鼻を通して息を吸うと、鼻を通る間に空気中のホコリやばい菌をかなり取り除くことができます。さらに、十分に加湿してから外気を肺に送り込むことができ、気道の乾燥を防ぎます。鼻毛はフィルターの役割を果たし、血管が豊富な鼻粘膜は、加湿や免疫機構が働く場所になっているわけです。口からの呼吸が多くなると、鼻のフィルター作用や加湿作用が十分期待できないので、気道の奥に乾燥した空気やホコリが届くことになり、後でのどが痛くなったり、痰が多くなったりします。気管の粘膜が乾燥すると、ウイルスや細菌も張り付きやすくなり、それらを繊毛運動で外に運び出すメカニズムも働きにくくなってしまいます。空気の通り道での繊毛運動のイメージは、去痰薬のテレビコマーシャルなどで目にしたことがあると思います。

通常は鼻を通してゆっくり呼吸するわけですが、呼吸の必要量が増すと、それだけでは足りなくなり、口を大きく開けて呼吸せざるを得なくなります。呼吸の抵抗を少しでも減らすためには、空気が通過する道は幅が広いほど有利で、また、経路が短いほど楽なので、狭い鼻の穴経由だけではなく、広く空けた口からも呼吸するようになるのです。顎が上がるのは、空気の通り道を直線に近づけるためと考えられ、そうすることで気道の抵抗が小さくなります。長い目で見た感染防御よりも、とりあえずの呼吸の楽さを優先しているわけです。

山の登りで息が上がらないようにするためには、こうした空気の通り道をいかに通りやすくしておくかがポイントです。山に向かう前からこまめなうがいに努め、鼻やのどが細菌やウイルスの感染でむくまないようにしておきましょう。禁煙も心がけ、煙の微細な粒子が気道の粘膜を痛めないようにすることも大切です。そうした注意をしっかり守りながら、健全な気道の維持に努めると、山に行かないときでも風邪を引きにくく、肺炎にもなりにくくなります。山登りで息が上がりにくい体づくりが普段の肺炎予防につながるわけです。

空気の通り道を広く

鼻孔や口から吸い込んだ空気は、のどを通って、食べ物の通り道である食道と別れ、気管へと入っていきます。気管の長さは約一五センチで、直径は一・五～二センチあり、内腔が潰れないよう、外側は気管軟骨と呼ばれるU字形の軟骨が一五～二〇個連続して積み重なった構造になっています。気管はその先で左右に分かれて内径が一センチ程度の気管支となります。その先も次々と分岐を繰り返し、左右の肺への最初の分岐から数えて二十三回分岐して、ガス交換を行なう肺胞にたどりつきます。分岐の過程で内腔径はどんどん細くなり、第八分岐以降の気管支は軟骨を持たない、内径二ミリメートル以下の管になります。

鼻毛をすり抜けた細かな埃や細菌はどこかの段階で管の表面の粘液に張り付き、粘液の中に突き出した線毛が、絡め捕った物をのどの方向に排出させるようになっています。粘液の塊が上の方に溜まると、咳が出て痰として排出されます。

咳をして痰を出すことは大変重要なことで、咳によって痰出しができないと、空気の通り道が詰まり、そこから先の肺は機能を失います。加齢や病気などで体力が弱ってしまうと咳をする力が出せなくなり、痰が気道を詰まらせ、その奥で細菌やウイルスが増え、その結果、肺炎になるわけで

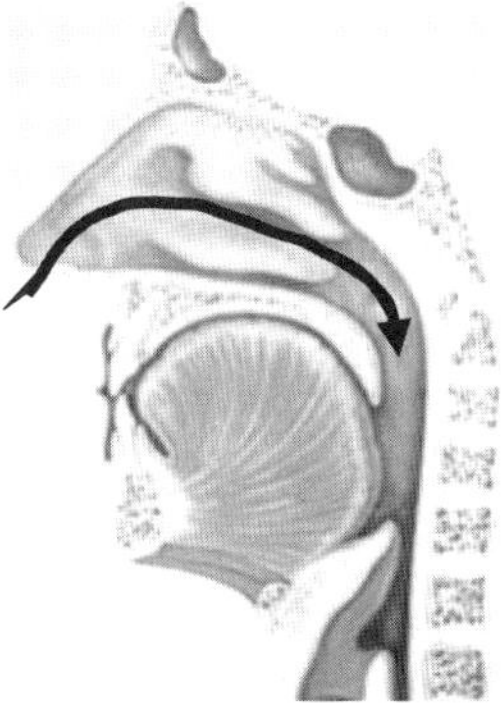

鼻腔を通る空気は粘膜表面で加湿・加温される。チリ、埃や病原体も鼻毛のフィルター機能や粘膜面の免疫担当細胞で多くが除去される。

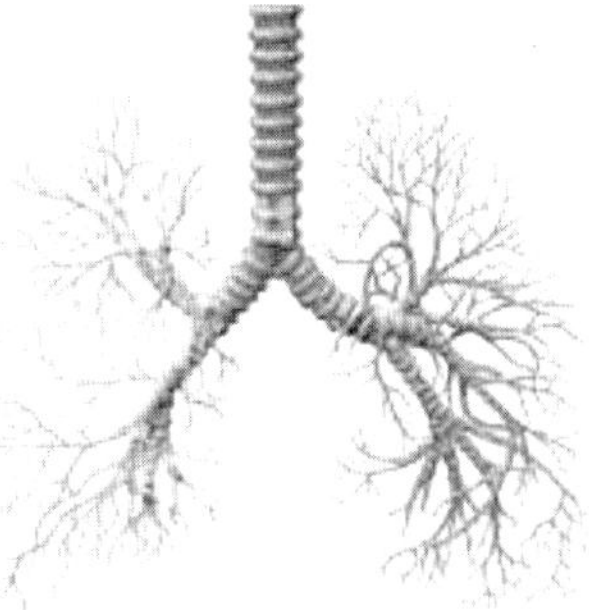

気管、気管支と枝分かれした通り道を通って一番奥の肺胞まで空気が到達する。細い気道は詰まりやすく、詰まった先では病原体が増殖しやすい。

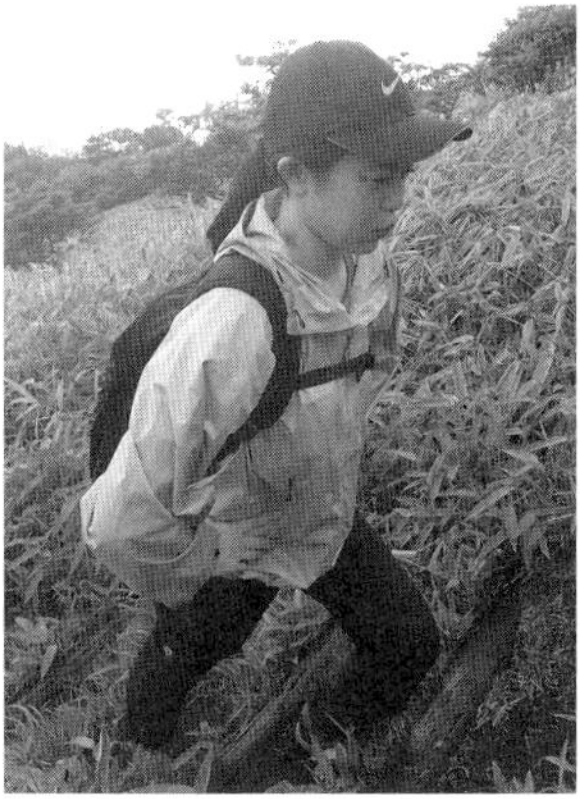

口すぼめ呼吸は肺胞を潰さないために効果を発揮する。すべての肺胞が広がることで血液への酸素の取り込みがよくなる。

す。

勢いよく流れる水路ではゴミが淀んで溜まることがないのと同じように、空気の通り道にゴミが溜まりにくくするには、ときどき速い流れがゴミを運び去ることは有利です。山の登りでやや息が上がる程度のスピードを維持できれば、気道表面のクリーニングには大きく寄与します。運動し始めに少し痰が出るかもしれませんが、それこそは気道に詰まりそうなゴミを速い空気の流れで吐き出す瞬間です。もちろん、気道が乾いてしまって、べったり張り付いてしまうと速い気流だけでは吐き出せないかもしれないので、しっかり水分補給をし、加湿機能を持つ鼻を通して呼吸することも大切です。

肺胞を潰さない

肺の奥の肺胞は三～一〇億個とも言われ、安静呼吸時の直径は平均〇・二ミリメートル、ガス交換にあずかる総面積は一〇〇平方メートル以上（テニスコートの半分程度）です。通常の日常生活を行なうだけならば、この半分以下でも大丈夫で、かなり余裕をもった構造になっていますが、激しい運動を難なくこなすためには、多くの肺胞が健全に機能して、酸素の取り込みと二酸化炭素の排出をしてくれなくてはなりません。なお、肺胞の内面にはごく薄い液体の層があり、そこにはサーファクタントと呼ばれる界面活性剤（水の表面張力を弱める物質）が含まれていて、肺胞の内側

肺容量

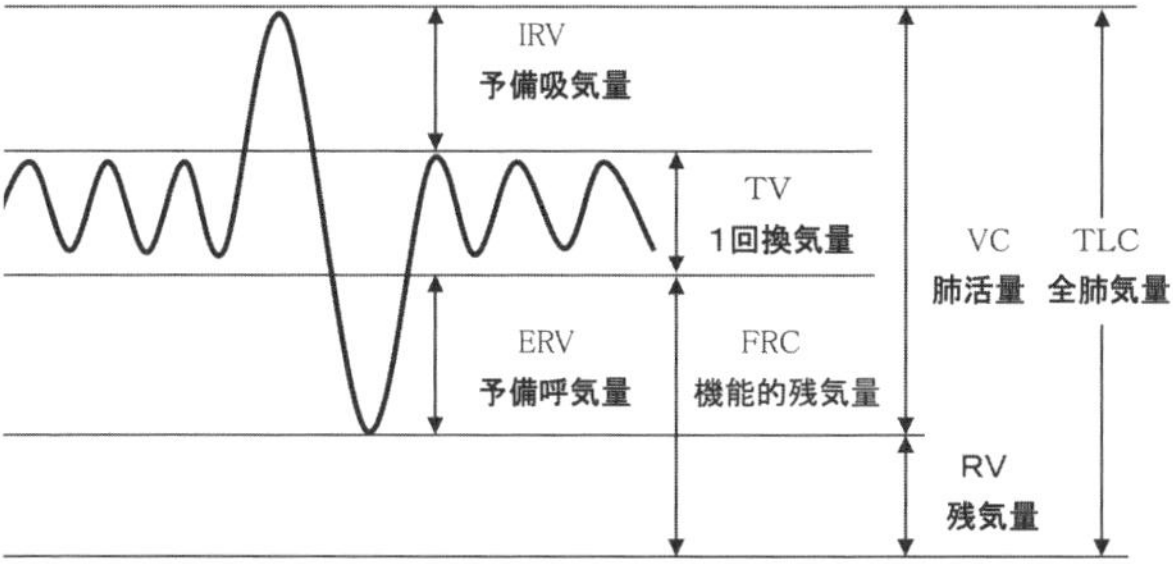

1回換気量	平時の1回の呼気体積、運動時10倍くらいまで増加（成人男性で約0・5リットル）
予備吸気量	普通の吸気終末から、さらに吸える最大体積（成人男性で約2・0リットル）
肺活量	最大吸気から最大呼気までの体積（成人男性で約3・5リットル）
予備呼気量	普通の呼気終末から、さらに吐ける最大体積（成人男性で約1・0リットル）
残気量	最大に吐き出した後、肺や細気管支に残るガス体積（成人男性で約1・5リットル）
機能的残気量	平時の呼気終末に残るガス体積（成人男性で約2・5リットル）
全肺気量	最大吸気して肺のなかにあるガス全体の体積（成人男性で約5・0リットル）

肺には普通の呼吸で出入りしない空気がたくさんある。激しい運動をするときや病気のときには予備の容積をフルに活用する必要が生じる。

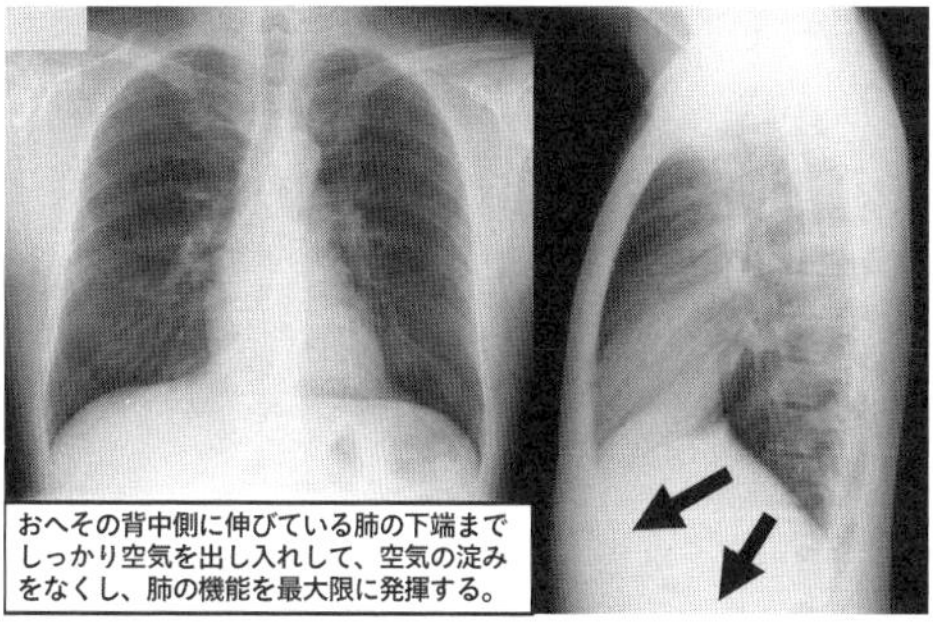

背中側の肺はお腹の後ろにある。太った人や寝たきりの人では背中側の肺が重さで潰れてしまい、空気が出入りできなくなる。

同士が貼り付かないようになっています。この物質が足りなくなると、肺胞が潰れてしまい、ガス交換ができなくなります。

肺胞や軟骨のない細い気道を潰さないためには、息を吐き切らないで、少し肺に圧力をかけて広がったままにすることが有効です。何度か膨らませた風船を潰れたままにしておいて、その後膨らまそうとするとなかなか膨らまないことを経験した人は多いでしょう。それに比べて、空気が残ったままでしぼんだ風船を膨らまし直すことは、それほど大変ではありません。肺の場合も全く同様で、息を吐き切ったときにも肺胞の中に空気が残り、押し広げる力が少しかかっている方が次の息を吸い込みやすく、肺胞が潰れたままになってしまうことを防ぎます。息を吐くときに口笛を吹くように口をすぼめ、少し吐きにくくすると、そうした効果が期待できます。実際に、気道が狭くなって酸素の取り込みが難しくなってきている肺気腫、慢性気管支炎の患者さんには、日々の生活の中でもそうした呼吸法が勧められています。山の上で重い荷物を運んでくれるヒマラヤのポーターやボッカさんも、酸素の圧力の低い山の上で少しでも酸素の取り込みがよくなるように、誰に教わるともなく、口笛のような音を出しながら歩いています。

肺の奥まで広げる

特に意識することなく普通に呼吸しているとき、一回の呼吸で出入りする空気の量は成人男子では〇・五リットルぐらいです。しかし、本気になって思い切り息を吸い込むと、その上さらに二・七リットルほど余分に吸い込むことができます。逆に、普通に呼吸をしていて息を吐いた後、さらに意識して肺の中から一・〇リットルほど追加で吐き出すことができます。そこまで吐き切っても肺が空っぽになってしまうわけではなく、まだ一・五リットルほど肺内に残っているガスがあり、肺胞や気管支が虚脱してペチャンコになってしまわないような構造になっています。よく耳にする肺活量とは、最大限に息を吸い込んだところから、最大限に息を吐き切ったところまでの容量のことです。

というわけで、普通の生活動作だけであれば、肺の一部しか使っていないことがわかります。空気の出入りがない、あるいは少ない肺の奥の方は、換気が十分されていない部屋のようなもので、細菌やウイルスが一回入ると、外に洗い出されることなく、そこで増殖していきます。そんなありがたくない環境を体の中に作らないためには、無理をしても大きな呼吸をして、肺の奥もしっかり換気してあげなくてはいけません。人はときどきため息をつきますが、それも意識することなくやっている、肺の奥の換気になります。しかし、もっと積極的にするのであれば、意識して大きな呼吸を行なうことになります。

腹式呼吸はまさにそうした大きな呼吸です。普通に息を吸い込むと口・鼻から距離が近く入りやすい胸の上の方の肺に空気が入ります。一回五〇〇ミリリットルぐらいの呼吸では、この辺りの空気の出入りに終始します。肺の奥にあたる部分はおへその背中側ぐらいになるので、ここまで空気がしっかり入るとおへそのあたりが前の方に押し出されます。これが腹式呼吸で、横隔膜がしっかり押し下げられるまで吸い込んだ状態です。腹式呼吸といっても胃や腸に空気が入っているわけではなく、それらの後ろの肺の奥まで空気を出し入れしている呼吸を意味しているわけです。漢方医学では丹田を意識して呼吸せよと言われますが、丹田はおへその少し下で、専門家は腹式呼吸との違いを強調されますが、大きな呼吸という意味では基本的に同様です。

腹式呼吸を特に意識してほしいのは太った人、内臓脂肪の溜まってしまった人です。「おへそのあたりが前に出てくるまでしっかり空気を吸い込みましょう」と講習会で話すと、「もともと出ていて違いがわかりません」と太った方から冗談半分に返事が返ってきますが、内臓脂肪の多い太った人ほど背中側の肺が重さで潰れやすく、呼吸が悪くなりやすいのです。二〇二〇年春の新型コロナウイルス肺炎の流行では、太った人が重症化することが多いと繰り返し報道され、若い力士の死亡例も話題となりました。これには胸や腹の重さで肺が広がりにくくなることが関係していて、原因となる細菌やウイルスの種類によらず、肺炎一般に広く当てはまることです。こうした例では人工呼吸器を付けながらも体をうつ伏せにして（腹臥位療法）、背中側の肺を広がりやすくしてあげることがしばしば有効で、太った人では背中側の肺がいかに広がりにくいかを表わしています。

酸素の消費が多くなり、二酸化炭素の産生も高まる山の登りでは、自然と大きな呼吸をするよう

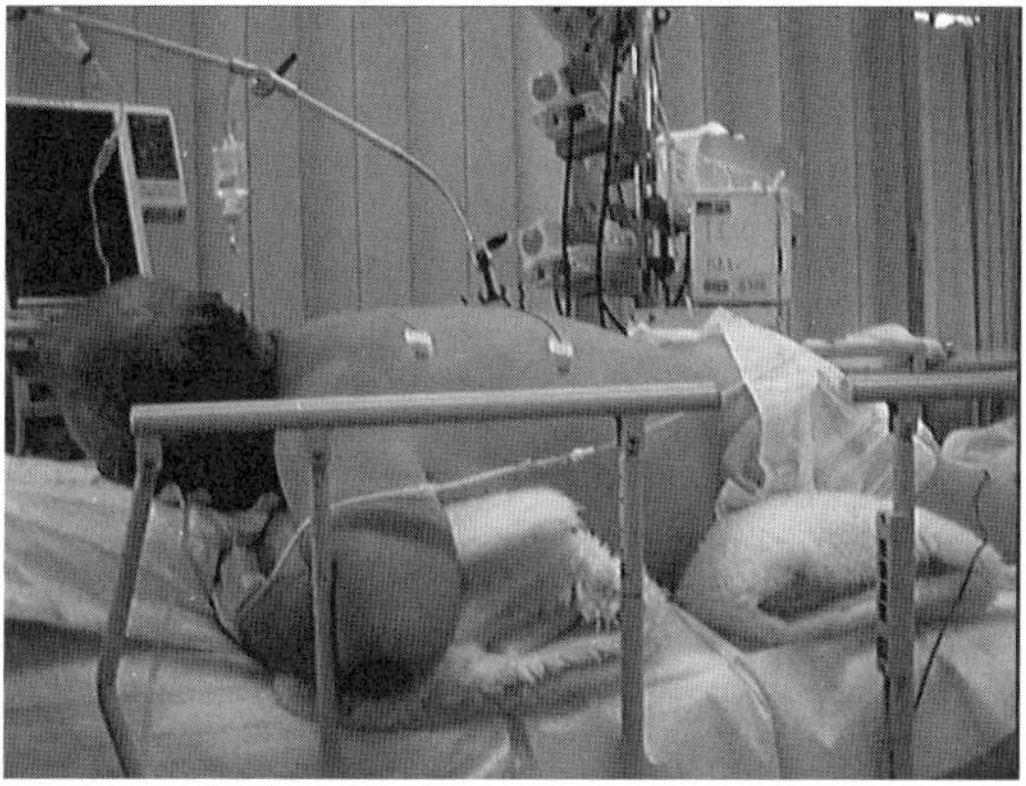

人工呼吸中でもうつ伏せで背中側の肺に空気を出入りさせる伏臥位療法を行なうことがある。睡眠中に繰り返される寝返りは、肺を広げるのにも役立っている。

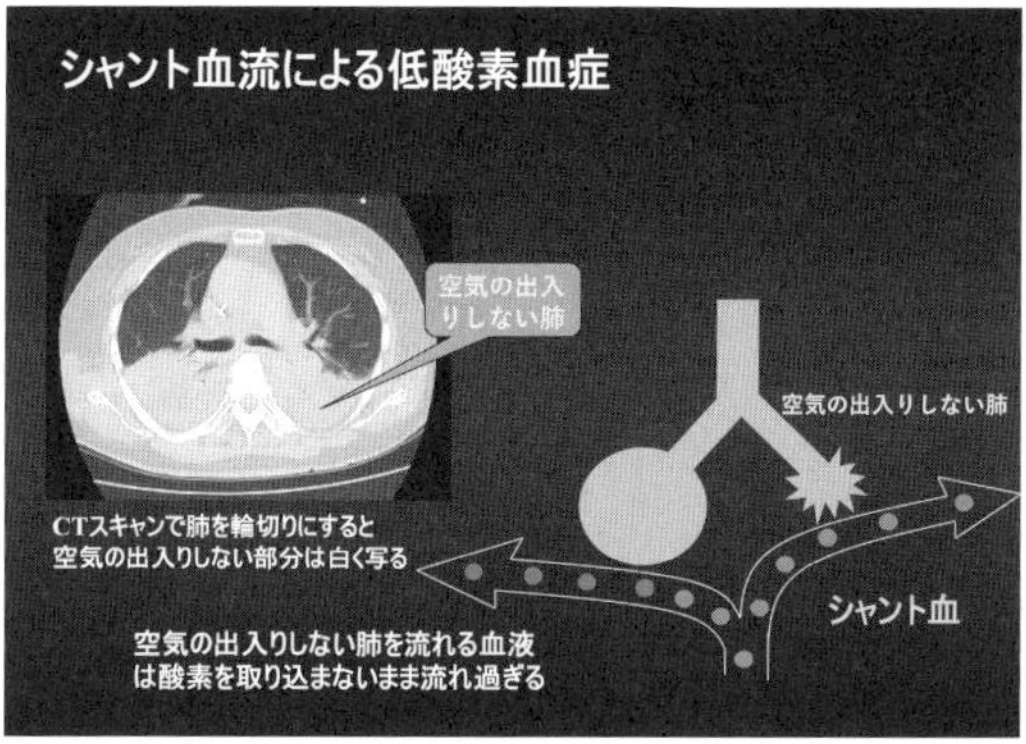

潰れた肺胞のそばを流れる血液は、酸素を取り込めないまま空回りを続けることになる。これをシャント（短絡路）血流と呼ぶ。

になるので、特別に意識しなくても大きな呼吸のクセがつきます。しかも、吸い込む空気はチリや埃の少ない清涼な空気です。周りに人も滅多にいないので、他人が吐き出した細菌やウイルスを心配する必要もありません。自分が吐き出した汚れた空気でさえ、稜線を渡る風ではるか遠くに流されてしまいます。山を登りながら大きな呼吸の意義を少し意識すると、感覚的にも肺の奥まで掃除しているという爽快感を味わうことができるでしょう。

呼吸の筋肉を鍛える

肺は胸腔という、肋骨で囲まれた閉鎖空間の中にあり、気管が唯一の外部に開いた管となっています。胸腔の下面にある横隔膜は胸腔と腹腔を隔てる筋肉で、それ自体が弛緩と収縮を繰り返して、外気を吸い込むための陰圧、吸い込んだ空気を押し出すための陽圧を作り出します。呼吸運動の約七五パーセントはこの横隔膜の働きです。空気の出入りを増やさなければならなくなると、補助呼吸筋と呼ばれる肋骨の間の筋肉や胸鎖乳突筋、斜角筋、大胸筋などの胸の筋肉が働きます。それでも足りないと、背中側の僧帽筋や肩甲挙筋も働き、これが肩で息をする状態です。普段、特にどの筋肉を動かそうと考えることなく呼吸を行ないますが、それが可能なのは、呼吸に関係する筋肉を呼吸中枢と呼ばれる脳（延髄）の細胞が、意識の関与なく自動的に制御してくれているからです。血液中の二酸化炭素が設定値よりも増えたり、酸素の量が少なくなると、呼吸中枢が変化を感知して呼吸運動を促します。運動時や発熱などで体の代謝が亢進したときには、酸素の需要が増え、二酸化炭素の産生量も増加するので、呼吸中枢はこれらの値を一定に保つように呼吸筋に鞭を入れるわけです。

スポーツ選手は、大会でよい成績を出すために、さまざまなトレーニングをして競技能力を高めるための筋肉を鍛えます。逆に、骨折後に腕や脚を固定して運動できない状態が続くと、筋肉が衰えて、元のように運動するためにはリハビリテーションが必要になります。呼吸筋の場合も全く同様です。運動能力を高めるためには鍛錬が必要で、運動の練習のときに大きな呼吸、速い呼吸を繰り返すことで呼吸に必要な筋肉が鍛えられます。人工呼吸器に長くつながれて、自分の筋肉で呼吸をしていないと、呼吸の筋肉も衰え、人工呼吸器なしで生活できるようにするためには、呼吸筋のリハビリテーションが必要になります。

では、呼吸筋の能力を簡単に鍛える方法はあるでしょうか。もともと、休みなく働く筋肉群なので、ちょっとやって簡単に鍛えられるものではありませんが、普段からときどき大きな呼吸を心がけ、力一杯吐き出したり、逆に大きく吸い込んだりすることで筋肉の能力を維持・強化することができます。呼吸筋を積極的に鍛えるために空気の出入りやすさを弁で調節する特殊なマスクも開発されていますが、身近なものとして、風船を膨らませる動作は呼吸筋の鍛錬になります。

坂道で息切れしない肺にすることが健康長寿につながる

肺の奥の肺胞まで到達した酸素は、肺胞壁の中に網の目のように張り巡らされた毛細血管へと拡散します。また、その毛細血管中の二酸化炭素は肺胞内へと拡散します。いずれも量の多い方から少ない方への移動です。こうしたガス交換をするために血液が肺毛細血管を流れ過ぎる時間は、安静時で約〇・七五秒です。このわずかな時間でガスの受け渡しを終え、その後再び肺に戻ってくるまで、血液中の酸素の量は下がる一方、二酸化炭素は溜まる一方です。肺の病気で酸素の拡散が低下していると〇・七五秒は短すぎ、血液への酸素の積み込みが不十分なまま、肺を通り過ぎてしまいます。そのため、酸素の拡散の駆動力を強めるために肺胞内の酸素の圧力を高めることが必要になり、高濃度の酸素を吸入しないと生きていけなくなります。二酸化炭素は酸素よりも二十倍も水に溶けやすいので、酸素ほどには血液循環速度に影響されません。

運動すると筋肉を始めとする酸素需要の高まった臓器に酸素や栄養を素早く送らなくてはならなくなり、心臓が頑張って血液の循環を加速します。そうすると、血液が肺でガス交換できる時間も短くなってしまいます。しかし、体はよくできていて、〇・四秒もあればガス交換を完了させることができます。ところが、肺の機能が下がり始めている人では、安静時は大丈夫でも運動時は酸素吸入が必要な人と同じようになってしまいます。階段を息切れせずに登れるかどうかが、肺の異常を早期に発見する目安と言われているのは、こうした理由からです。ヒマラヤの高所登山で酸素の補給をしないと普通の人は登れないのも同様の原理で説明できます。環境の圧力低下によって酸素の圧力も低くなるので、山を登るのに心臓が頑張っている状態（血液循環速度が速い状態）で血液に酸素を十分に溶け込ませることができないのです。

血液循環が速くなった状態でも肺でのガス交換が十分に行なわれ、長い時間運動し続けられるような体にしておくことは、病気になってもそうそう低酸素血症にならないことを意味します。長時間の低酸素血症では全ての臓器の機能が失われ（多臓器不全）、死期が早まりますから、低酸素血症になりにくい体にすることは病気に強い体、抵抗力のある体を作ることとイコールです。つまり、坂道をガンガン登れる体にしておくことが健康長寿につながるわけです。

心臓を元気にすると肺も元気になる

体の中の血液の流れを復習してみると、肺毛細血管で酸素を受け取り、二酸化炭素を減らした血液は次々と合流して肺静脈を流れ、心臓の左心房に流入します。このときの血液が体内で最も酸素化された血液です。その血液は次に左心室に入り、そこから体内を巡る動脈へと送り出されます。動脈は枝分かれを繰り返し、それぞれの組織で細胞の近傍を流れる毛細血管となって酸素を配り、二酸化炭素を回収します。酸素を減らし二酸化炭素を増やした血液は、静脈へと集められ、心臓の右心房に流入し、右心室から肺動脈へと送り出されて、肺毛細血管に帰ってきます。このように肺と心臓は隣り合って、酸素の取り込みから二酸化炭素の排出まで連携して活動します。

心臓の働きが弱って、体への送り出しが十分できなくなると、送り出されなかった血液が左心室、左心房の順に渋滞し、スペース的に余裕のある肺の空気の入るべき場所に染み出してきます。これを心原性肺水腫と言います。肺自体が細菌やウイルスによる炎症でむくんだときも、心臓が原因のときも、肺胞内の酸素と肺胞壁内の肺毛細血管との距離が離れてしまい、酸素の移行が難しくなります。結局、肺が悪くなくても、心臓に元気がないと低酸素血症となります。坂道の登りでもバテない心臓に鍛えておくことが、肺の状態をよくすることにつながります。

空気の入っている肺に血液を流す

肺の全ての部分にすべからく新鮮な空気が入ってくれれば問題はないのですが、前にも述べたように、肺の中に空気の出入りがよくない部分ができることがあります。空気の通り道が痰や浮腫で詰まったり、肺の奥の肺胞が滅多に深呼吸しないためにペシャンコに張り付いてしまった場合などです。空気の出入りしていない肺の部分に流れてきた血液は、酸素の取り込みも二酸化炭素の放出もかなわずに心臓の左心房、左心室へと戻り、そのまま体全体を再度巡ることになります。赤血球ヘモグロビンからの酸素の配達では、満タンに積み込んだ酸素の三分の一程度しか一巡では筋肉を始めとする臓器に配達しませんが、酸素の積み込みを行なわずに配達だけ繰り返していれば、三巡目ぐらいには空になってしまい、本当に空回りになってしまいます。心臓はムダな血液循環のために酸素や栄養を消費しているので、早晩、心臓もバテてしまいます。

餅を気管に詰まらすなどで太い気道が一気に詰まると、窒息ですぐに生命維持が危機にさらされますが、ピーナッツで気管が左右に分かれた後のどちらかの気管支が詰まる、痰で左の肺の三分の一ぐらいに空気が入らなくなる、などの場合では、すぐに亡くなることはありませんが、酸素の取り込みは極端に悪くなります。こうした状態を肺血流のシャントと呼びます。

突然の変化はなくても、あまり動かずに咳などもあまりしない長期間臥床の高齢者では、背中側に空気の入らない無気肺ができて、血液の空回りが起こることは珍しくありません。これがよくある肺血流のシャントです。こうした場合、どんなに高濃度の酸素吸入をして、健常部の肺胞の酸素分圧を高めても、血液への酸素の取り込みはよくなりません。なぜなら、健常部を通過した後の血液の酸素飽和度は通常が九七〜一〇〇パーセントであり、赤血球へモグロビンは一〇〇パーセント以上には酸素をつけることができないからです。空気の入らない無気肺部分を通過する酸素を取り込めない血液が、肺全体の酸素化能の足を引っぱることになります。

ところで、人間の肺の血管には低酸素肺血管収縮という機能が備わっています。壁が貼り付いてしまって、空気を入れることができない肺の部分の血管は収縮して血液が通りづらくなります。これにより、シャント効果の割合を減らしてくれます。ただし、この低酸素肺血管収縮機能は高血圧などで血管を広げる薬を飲んでいると、血管収縮が解かれてしまい、シャント効果が強まり、血液の酸素化が悪くなります。また、この体の反応はありがたいものではありますが、肺の一部が潰れた状態での苦肉の策です。肺の血管の一部が狭くなれば、そこに血液を押し出す右心室は抵抗に逆らって血液を押し出すことになるので、だんだん疲れてきます（右心不全といいます）。そうなると心臓（右心室、右心房）の一つ手前にある肝臓が悪くなってきます。それに、有効な肺容量が小さいということは肺活量が少ないことと同じなので、一定時間内に取り込める酸素の量の上限が下がってしまいます。ですから、普通の生活はできても、激しい運動に耐えられなくなります。

結局、抵抗力のある肺にするために何よりも大事なのは、肺全体をよく広げることです。すなわち、体を動かして、肺のどこかが痰のたまりや体の重さで潰れたままにならないようにすることが大切です。運動して酸素を使い、二酸化炭素をたくさん吐き出すことを心がけると、知らず知らずに肺を十分広げることができます。

肺をよくする工夫をまとめると、大きい呼吸を心がける、痰が溜まらないようによくうがいをして体を動かす、息を吐くときは口をすぼめて肺の奥に圧力がかかるようにする、ということになります。

循環器系の強化

心臓は山の登りで鍛えられる

坂を登るときに心臓がドキドキする、息が切れる、などの現象が起こり、「つらい」、「しんどい」と感じた経験はだれでもお持ちと思います。「坂道の登りと下り、どちらがつらいですか？」と質問すれば、ほとんどの人は「登り」と答えるでしょう。坂の傾斜が急なほど、荷物が重いほど、歩行速度が速いほど、この「つらい」感覚は強まります。これは、自分自身の体重と荷物の重さの双方を、重力に逆らって位置エネルギーの大きい状態へと移動させるためで、あたり前といえばあたりまえです。登りでは多くの筋肉がエネルギーを必要とし、筋肉に酸素や栄養を届けるための臓器や、エネルギー産生後の老廃物を処理するための臓器でもエネルギーの必要量が増えます。「胸がドキドキする」のは、特に心臓を中心とする循環器系の仕事量が限界値に近いことを示していて、これが「つらい」、「きつい」と感じられるわけです。

心臓は血液を送り出す際、その送り出す量を、一回の収縮で送り出す量と、単位時間あたりに送り出す回数で調節しています。ですから、心臓のパワーは、一回の収縮でどのくらいの血液を送り出せるかと、一定の時間内（例えば一分間）に何回収縮できるかで決まることになります。優秀なスポーツ選手はどちらも優れていて、一回の収縮で普通の人よりも多くの血液を送り出せるし（なので、安静時の脈拍は少なくてすみます)、普通の人よりも心拍数を多くすることができます。心拍数(脈拍)は、特に道具がなくても秒単位で時間が測れる時計があれば測定可能です。心臓が一回の収縮で送り出す血液量は病院の特別な器具がないと測れません。ですから、まずは脈拍を気にしながら運動することをお勧めします。同じ位置から同じペースで山の坂道を、例えば五分間歩き、止まった直後の脈拍をお互いに比べれば、どちらの人の心臓がより多くの血液を拍出できていたのか相対的に比べることができます。また、各人がもうこれ以上速くは歩けないというスピードで、例えば五分間歩き、止まった直後の脈拍を比べれば、最高に上げられる心拍数がおおよそわかり、仲間と比較できます。ただし、無理をしすぎて倒れないように注意が必要です。

心拍数の上限値を年齢ごとの平均値と比べてみる

一回の心臓の収縮で送り出せる血液の量が変わらないのであれば、心拍数が上がることで、単位時間あたり(例えば一分間)に体全体に送り出せる血液の量が多くなり、酸素や栄養を必要な部分に多く届けることができます。配達を受けた臓器は届いた酸素や栄養を使って、より多くの活動ができるので、力を発揮できることになります。しかし、心拍数が増えても、心臓の筋肉自体が疲れてしまって、一回の収縮で送り出せる血液の量が少なくなってしまったり、心臓の筋肉自体への酸素や栄養の補充が追いつかなくなって、心臓が正常に活動できなくなると、心拍数が増えたことが何のよい効果ももたらさないことになります。心臓の筋肉が苦しい状態が続けば、不整脈が出たり、胸が痛くなったり、最悪心臓の筋肉が傷んだりします。

というわけで、心拍数が増える際には、体によい〝ほどほど〟感が大切です。無理なく活動し続けられる範囲の最大の心拍数を自分なりに把握していると、心拍数を指標として、取り組んでいる活動の強度が適切なのかの目安にすることができます。また、年齢ごとの平均的最大心拍数の換算式があるので、その数値を参考にして、自分の運動能力が高いか低いか比べてみましょう。そして、平均値に近づくように、あるいは、平均値を超えられるように、月の単位で少しずつ負荷（歩行スピード）を上げながら坂道を歩くことを心がけると、知らず知らずのうちに心臓のパワーが上がっていきます。心臓のパワーが上がれば、安心して運動を続けられる負荷強度が上がり、同じ運動であれば余裕を持って取り組むことができるようになります。

脈拍をあまり上げずに坂を登れるようになるために

脈拍をあまり上げずに坂を登るには二つの方法があります。一つは、歩く速度を遅くして、筋肉の酸素・栄養需要をあまり上げないようにして歩く方法です。もう一つは、心臓の筋肉や心臓の栄養血管を鍛えて、一回の心臓の収縮で多くの血液を送り出せるようにする方法です。もちろん、最初の方法がすぐにできる方法で、後の方法がとれるようになるには真面目に何年か鍛錬することが必要です。まずは歩行速度を調節する方法で脈拍が上がりすぎないように心がけ、だんだんと歩行速度を上げていくと、何年か後には「この速さでもあまり脈が上がらないなあ」と思えるようになるでしょう。

脈拍を気にしながら山を歩こうと思い立ったら、まずは先に紹介した「最大心拍数＝220－暦年齢」という予測式で、自分の年齢での平均的最大心拍数を計算しましょう。そして、安全が確保された環境で、これ以上頑張れないという程度のランニングや自転車こぎ（トレーニングジムの機械でも可能）をして、そのときの心拍数を測ることで、自分の最大心拍数を実際に測ってみます。「実際に測った最大心拍数＝220－体力年齢」となるので、自分の体力年齢が推測できます。暦年齢よりも体力年齢が若ければ自信を持って運動できますが、逆であればあったで、これから運動習慣をつけるよいキッカケになるでしょう。

現時点での自分の最大心拍数がわかったら、今度は適正な運動中の心拍数を計算します。各人の最大心拍数の六〇パーセント以上となる運動強度が体力をアップさせるための目安です。最大心拍数から年齢を引いた値の八〇パーセント程度の心拍数となる運動強度という目安もあります。心拍数と主観的なつらさ（自覚的運動強度）との関係を勘案すると、持久系のトレーニングとして適当な運動強度は、「ややきつい」程度とされているので、「ややきつい」と感じるぐらいの速度で山を登っているときの心拍数が、右の式で計算した数値と大体一致するはずです。

脈拍が目安にならない場合は〝脱力感〟に注意

特に心臓に持病がない人、薬を飲んでいない人では、登山の登りで心拍数が上がらないようになったら、心臓の機能が上がったなと考えていいでしょう。しかし、心拍数が上がらないのが、鍛えられたからではない場合もあります。

ある種の高血圧治療薬・抗不整脈薬（ベータ遮断薬と呼ばれる）を服用すると心拍数が上がりにくくなります。心臓が頑張りすぎないようにして、細く長く働いてもらおうという薬なので、当然運動中も頑張れなくなります。薬の作用で、運動しても筋肉への酸素・栄養の供給を増やせないので、激しい運動には耐えられないわけです。また、心臓の運動リズムを司る、刺激伝導系と呼ばれる器官に障害が起こると、心臓に神経や血液から心拍数増加の指令が届いても反応しなくなり、運動しても心拍数は速くなりません。同様に、糖尿病などで自律神経機能に異常が起きると、運動中も心臓を頑張らせる指令が発せられなくなります。心拍数は上がらないけれど、やたらにだるくなる、筋肉がけいれんする、といった状態になります。こうした症状を感じたら、山ではなくて病院に行って、詳しい検査を受けたほうがよいでしょう。

山歩きで心臓の栄養血管を診断する

心臓に酸素と栄養を供給する冠状動脈が狭くなっている人では、心拍数が増えると胸が苦しくなるという症状がよく見られます。これは、心拍数が上がると、心臓自体に栄養を供給する時間がどんどん短くなるのに、全身に血液を送り出すための仕事はどんどん増えるためです。冠状動脈の血液は主に心臓が緩む拡張期に流れます。心拍数が増加すると、この拡張期の時間が短くなってしまうのです。ちなみに、心臓が酸素・栄養不足（心筋虚血）になる要因としては、血圧上昇や低下よりも心拍数増加の方が関連が深いことが知られています。

心臓の血管が細くなってしまう病気の多くは、「労作性狭心症」です。心臓に酸素や栄養を届ける通路が狭いので、「労働作業」で心拍数が増えたときに、極端に心臓の筋肉への酸素・栄養供給が減ってしまうわけです。運動して脈が速くなると胸が重苦しくなる、胸から肩にかけて痛む、といった症状が見られます。胸の痛みだけで元に戻ればまだよいのですが、血管の狭くなった部分の壁が崩れ、そのまま狭くなった血管を塞いでしまうと、心臓の筋肉への酸素・栄養の供給が止まり、もはや心臓の筋肉は生きていくことができなくなります。このような経過で完全に心臓の筋肉が死んでしまう場合を心筋梗塞と呼びます。こうした例では、心臓の筋肉に異常が生じたときに脈の乱れが起こります。心臓の細胞が苦しがっていることの信号です。心室性不整脈と呼ばれる脈の乱れがそのまま悪化すると、心電図は心室細動というメチャクチャな波形を示すようになり、心臓はブルブルと震えるだけで、血液を全く拍出しなくなります。タイミングよくＡＥＤ（自動除細動器）などで不整脈を回復させることができず、この状態が続くと一生の終わりとなってしまうわけです。

心拍数と主観的な運動強度の関係

運動強度(%) (最大可能な運動の強度に対する比率)	主観的自覚度 (つらさの程度)	心拍数(拍/分:20歳) (20歳時の平均)
100	もうダメ	200
93	非常にきつい	
86		180
79	かなりきつい	
72		160
64	きつい	
67		140
50	ややきつい	
43		120
36	楽に感じる	
29		100
21	かなり楽に感じる	
14		80
7	非常に楽に感じる	
0	(安静)	60

心拍数を測ると運動の強さを客観的に評価できる。運動中の「つらさ」の感覚と心拍数は密接な関係があり、運動生理学の重要な指標となっている。

心筋虚血発生率

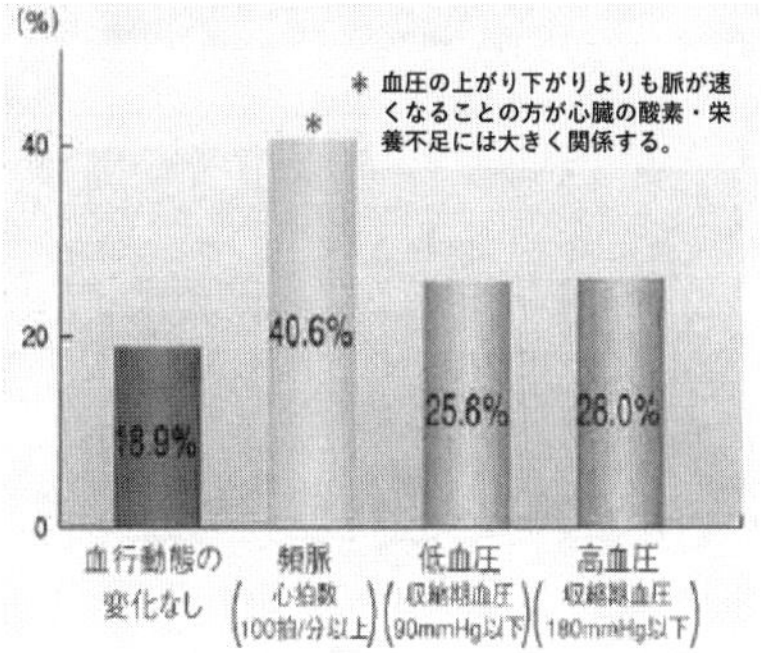

脈が速いと心臓の酸素不足で狭心症発作を起こしやすくなる。血圧の変化は意外に心臓の酸素需要量との関係がうすい。

正常な心電図

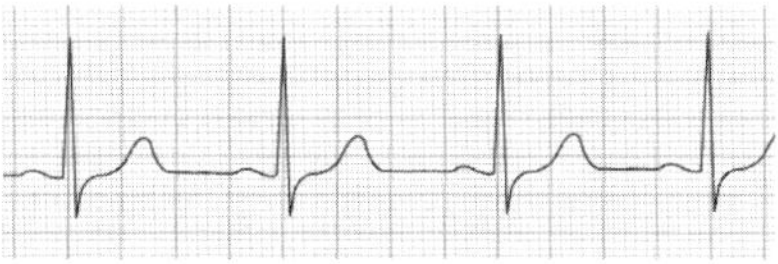

血液を拍出できない心室細動の心電図

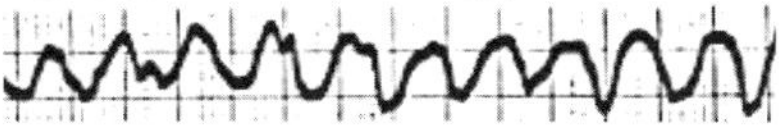

正常心電図と血液を拍出できない致命的な心室細動。心臓の筋肉が酸素不足になり、その程度が限界を越すと、血液を押し出す拍動ができなくなる。

運動すると胸が苦しくなるな、休むとすぐ戻るけどおかしいな、と思ったらまずは病院で精密検査を受けることになります。病院では負荷心電図という、傾斜をつけたベルトの上を心電図をつけて歩く検査を行なうことがあります。登山の登りに近い状況で心電図を計測すると考えて間違いありません。ということは、健康状態をチェックしながら山登りをすることは、それ自体が心臓の検査をしているとも言えます。心臓は人間が生きている間休むことなく働いている器官です。これまで病気をしたことがないから心臓も元気なはずだと思っても、長年の休みない労働で心臓がくたびれてきていることは大いにあり得ます。狭心症や心筋梗塞などの病名は、中高年の方々の間ではなじみの多い病名でしょう。齢を重ねていくと、長い人生の間休むことなく働き続けてきた心臓に何らかの異常が起こっていてもおかしくないだろうと思いつつ、山の登りで心拍数や脈の乱れを気にしてみることは、自分自身で狭心症の健康診断をしていることになるわけです。

トレーニングジムの〝登り〟で心臓を鍛える

山が近くにない人でもトレーニングジムで山登りの〝登り〟の練習ができます。大抵のトレーニングジムには、傾斜のつけられるランニングマシン（トレッドミル）が設置されています。こうした器具は、登山の登りに準じた運動を室内で実践させてくれます。ジムで傾斜をかけてウォーキング、ランニングをしている人は非常に少ないのですが、登山のシミュレーションという意味では、五〜一五パーセントの傾斜をつけて歩く、走ることをお勧めします。ベルトの長さが短いものの、三〇パーセントぐらいまで傾斜がつくものもあり、こうなると登山の急な坂道と同じレベルの傾斜です。スキーの距離競技のシミュレーションマシンもあり、こちらも傾斜をつけたり、傾斜に準じた抵抗をつけられるようになっています。

最新の機械では負荷の目安として、Mets値が表示されます。人が安静にしているときの何倍のカロリーを消費しているかという目安です。ある機械では、傾斜ゼロパーセントで時速六キロ歩行では三・八Metsですが、一五パーセントでは一一・五Metsになります。おおむね傾斜角度と歩行速度に比例して運動負荷量が増加することになります。五パーセントの傾斜負荷で、一・二Mets負荷が増加するという計算式もあります。歩き方、速度、姿勢、補助バーの握り方等で変わるので、あくまでも目安ですが、傾斜で負荷が相当増えることはまちがいありません。

山の登りでは坂の傾斜と歩く速度で心臓への負荷も変わりますから、トレーニングジムの〝坂道〟でもこの関係は同じです。一〇パーセントの傾斜でもこの速度ならドキドキしすぎないとか、時速五キロの速さで歩くのはこの傾斜までがやっとだな、などいろいろ試してみることで自分自身の坂道対応能力が数字で測定できるはずです。その際に心拍数も測ってみると、この負荷ならばこの心拍数なのかという健康チェックができます。実際の登山道では足元に注意を払わなければならないので、そうそう心拍数を歩きながら測るというわけにはいきませんが、トレーニングジムのべルトの上ではそれほど難しくはないでしょう。

血管をしなやかに

心臓から送り出された血液の通り道が血管ですが、血管はただの通り道ではなく、血液の流れを淀みなくするためにいろいろな機能を備えています。例えば、血管の壁にも筋肉があり、収縮や弛緩を繰り返して血液の流れを促します。また、血管の壁の内側には、免疫機能や止血・凝固機能を制御する細胞が並んでいます。血管が元気ということは「体」全体が元気なことと直結しています。

動脈硬化は、血管の壁が長年の使用や病気の影響で老化して硬くなることです。単純に硬くなるだけではなく、内側に汚れ（プラーク）がこびりついて血行が悪くなり、血液が詰まりやすくなる状態も起こります。動脈硬化がひどくなるのは一般的に四十代ぐらいからと言われていますが、食生活の欧米化で最近はもっと若い年代から動脈硬化が進んでいることもあります。

体のさまざまな臓器の機能維持には、その臓器に血液を供給する血管の通り具合がとても重要です。多くの病気がこうした血管の詰まりや破綻によって発生します。例えば、脳梗塞や心筋梗塞は、脳の神経細胞や心臓の心筋細胞の異常ではなく、脳や心臓に酸素や栄養を供給する血管の詰まりで発生するのですから、正確には血管の病気と言えます。登山では体を流れる血液のスピードや量が急激に、あるいは、長時間にわたって変化するので、血管の状態が健全であることは非常に重要です。また、血管の中に淀みをつくらないために、ときどき勢いよく血液を流すことは効果的で、山の登り方次第では、血管をどんどん元気にすることもできます。

動脈硬化の予防に効果的なポイントをいくつか挙げてみましょう。動脈硬化の原因として、しばしば指摘されるのは、加齢、糖尿病、高血圧、喫煙などです。特に悪化させる血液成分は、悪玉コレステロールと呼ばれるＬＤＬコレステロールです。悪玉コレステロールは、動脈の血管壁に、おかゆのような脂肪のかたまり（プラーク）を作って血管の内側にこびりつき、血管の内側をでこぼこにしてしまいます。ゆがんだ水路では淀みや乱流（うず）が起こりますが、もともと血液は固まる要素を持っているので、血液の流れが淀んでしまうと、心臓や血管の中で血液の固まり（血栓）ができてしまいます。また、健全な動脈には新品のホースのような弾力があり、その中を澄んだ血液が勢いよく流れていきますが、動脈硬化の進んだ血管は、硬く脆《もろ》くなってひび割れた土管のようになっていて、その中を脂肪や糖でドロドロになった血液が流れ続けると、プラークが大きくなって血栓ができ、血管が詰まったり、脆い壁が破れて大出血したりするわけです。

動脈硬化の予防でも治療でも、大切なのは食生活・運動・喫煙などの生活習慣の改善です。現在でも、動脈硬化そのものを治療する方法は確立されていないので、自分自身で生活習慣を改善するしかありません。もちろん、動脈硬化を悪化させる生活習慣病「高血圧・高脂血症（脂質異常症）・糖尿病・肥満・痛風など」がある場合は、その病気の治療を行なわなくてはならないので、そうなってしまっている人は、生活習慣の改善とあわせて、動脈硬化に関わる病気の治療を受けることになります。

生活習慣改善の具体的な事項としては、ストレスや不規則な生活を避ける、運動をするなどがあります（食事については後述）。運動は、高脂血症（脂質異常症）・糖尿病の予防、肥満の解消、ストレスの発散などを通じて、動脈硬化の発生・進行の危険を大きく減らしてくれます。運動以外にも、趣味を楽しむ、睡眠をしっかりとる、入浴する、などがストレス解消に有効であることは多くの人が実感しているでしょう。こうした日々の心がけを続けることで硬くなりかけた血管がしなやかになっていきます。食生活の改善や運動習慣で動脈硬化の進行を相当遅らせることができるわけです。また、数ある身体活動の中でも、大自然の中で比較的質素な食事を摂りながら持続的に運動する登山は、風光明媚な環境の中でのストレス解消とあいまって、動脈硬化を予防し健康長寿を獲得する手っ取り早い手段になります。

血管を硬くしない食生活

次に食生活の改善について考えてみましょう。「塩分を控える」、「動物性脂肪を摂り過ぎない」、「食物繊維を多く摂る」、「糖分を摂り過ぎない」、「お酒を飲み過ぎない」などが動脈硬化を進行させないポイントになります。

塩分を摂り過ぎると、血液の中のナトリウムイオンが増えてしまうので、薄めるための水も増やさなければならなくなります。血管の中に液体が多ければ、中の圧力が高くなり、高血圧になります。高血圧は動脈硬化の発生・悪化に大きく関わっているので、塩分制限はとても重要です。日本人では一日に平均一〇～一二グラムくらい摂っていると言われています。この塩分摂取量を、半分以下の六グラム未満にすることが推奨されています。

食物繊維にはコレステロールの吸収を抑えて、血中コレステロールを減らす作用があり、動脈硬化予防に有効です。一方、糖分を摂り過ぎると、肥満になったり、糖尿病になる危険があり、高血圧、高脂血症、糖尿病などの病気の発症や、動脈硬化の発生確率を高くしてしまいます。

お酒は、飲み過ぎると「高血圧」、「高脂血症」、「糖尿病」を招きます。特に、おつまみを食べ過ぎると肥満の原因となります。しかし、お酒は適量であれば、動脈硬化になる危険を減らすＨＤＬコレステロール（善玉コレステロール）を増やしてくれるので、全くダメというわけではありません。お酒は飲み過ぎず、適量がよいということになります。お酒の一日の適量は、「ビールなら中ビン一本」、「日本酒なら一合」、「焼酎（三十五度）なら七〇ミリリットル（グラス半杯）」、「ウイスキーなら六〇ミリリットル（ダブル一杯弱）」、「ワインならグラス二杯くらい」が目安とされています。

喫煙に関してはいいことはほとんどありません。タバコを吸うとすぐに血圧は急上昇して、タバコを吸っている間、血圧が上がった状態がずっと続いてしまいます。なぜ喫煙により血圧が上がるのかというと、タバコに含まれているニコチンが副腎髄質を刺激することで、アドレナリンやノルアドレナリンという、血圧を上げてしまうホルモンがたくさん分泌されるからです。高血圧は動脈硬化の発生・進行に大きく関わっているので、喫煙習慣は高血圧の発症、動脈硬化の進行、心臓病や脳血管障害の危険度の上昇と、体に悪いシナリオがを招いてしまいます。もちろん、肺にもよくないので、健康増進にはさまざまな要素からマイナスの影響を及ぼします。

硬くなった血管を大切に使う

動脈硬化が起こると、先に示したようにさまざまな臓器に影響が及びます。柔軟性を失った血管は、結果的に強度も下がって脳出血などの出血の原因となるほか、内部の通路が狭くなって血流不良が起こると、狭心症・心筋梗塞、脳梗塞などが起こります。さらに、細い毛細血管の壁が伸び縮みできなくなって、動脈の先端で血行不良が起こります。指先の血流が悪くなったり、脳のあちこちで小さな血流途絶によるラクナ梗塞（神経細胞があちこちで死んで、たくさんの小さな空洞が脳にできること）が発生します。年齢を重ねるに従い、血管の壁が硬くなり傷んでくることは、残念ながら仕方がありません。しかし、これをできる限り遅くする、程度を軽くする、経過途中で破綻させないなどは、健康増進活動に積極的に取り組むことで達成可能です。

動脈硬化が進んだ血管

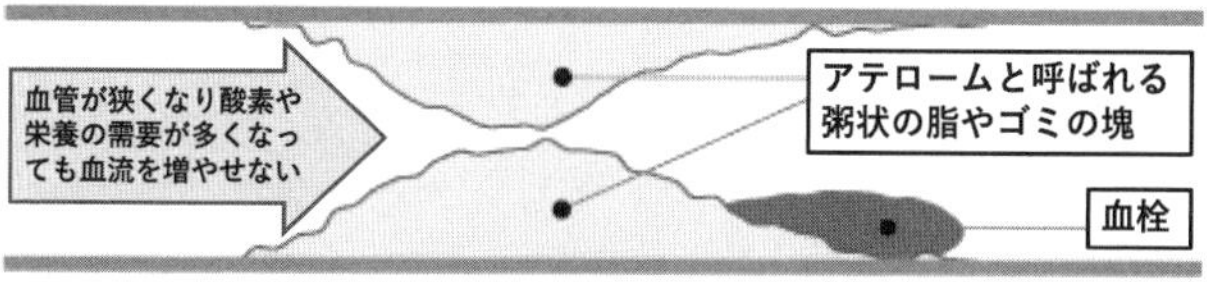

動脈硬化が進んだ血管では、血管の内側にコブ状の凸凹ができ血液の通りが極端に悪くなる。コブの一部が崩れて、その先に詰まると壊死が発生する。

ストレス解消が動脈硬化の予防につながる。食生活の改善や運動習慣の確立と合わせて、ストレス解消法を身につけることが健康長寿には必要。

死因別死亡割合

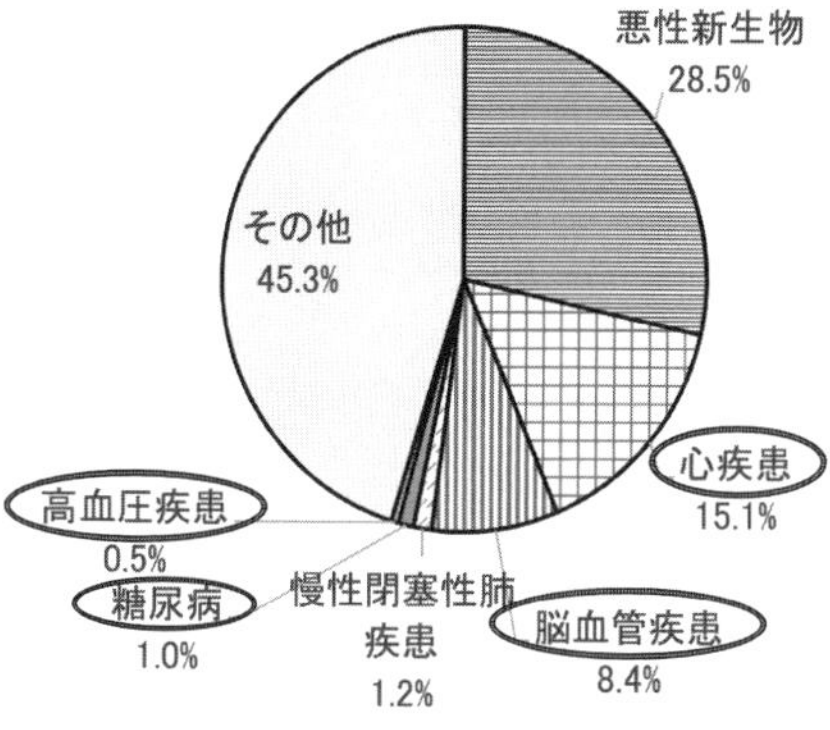

動脈硬化は日本人の主要な死因になっている。心臓の病気や糖尿病、血管の異常で発生する病気の直接的な死因はみな動脈硬化と関係している。

では、どんなところに注意すればよいのでしょう。環境ストレスや激しい運動で交感神経系の活動が高まると血管は収縮し、血管の中の圧力、すなわち血圧は上がります。その時間が長くなると血管を傷める原因になります。血管が硬くなっているとその上がり方も激しくなります。硬くなった血管では、中を流れる血液の量が変わったときに血管の太さを調節しづらく、血液量の増加ですぐに圧力が変化してしまうわけです。言い方を変えると、動脈硬化の悪化に伴い、血圧は上がりやすく下がりやすい状態になります。登山の場面を考えると、運動が激しくなるとき、危険な場所で緊張したとき、冷たい風にあたったときには急激に血圧が上がります。逆に、緊張が解けたとき、脱水状態のとき、湯船につかって体が温まったときには血圧が急降下します。こうした危険な瞬間をうまく回避することが、血管の破綻を防止します。また、血管の壁にかかる力を小さく抑えることで、血管そして健康な体を長持ちさせることができます。登山の現場では、防寒、防風をガッチリして、こまめな水分補給で脱水を避ける、そして、環境の変化や運動負荷の変化にゆっくり体をならしながら活動する、などが健康長寿の秘訣です。

血管を大切にして健康長寿につなげる

日本人の死因の第一位は「がん（悪性新生物、悪性腫瘍）」です。そして第二位、第三位の死因は心疾患、脳血管疾患となっています。この第二位、第三位を合わせると、第一位のがんと同じくらいの人々が亡くなっています。これらの心疾患や脳血管疾患の大多数は、動脈硬化が原因となり引き起こされるものです。また、心疾患や脳血管疾患は、発症した場合、死に至らなくても、その後寝たきりや生活の制限が必要となることが多く、一度発症してしまうと、日常生活に大きな影響を残すことになります。ですから、これらの疾患（動脈硬化性疾患）の予防は健康長寿のためにとても大切です。

以下に示すような病気はみな、動脈硬化が引き起こす病気です。ほとんどが中年以降の病気で、閉経前の女性には少なく、どちらかというと男性に多い疾患と言われています。また、食生活の欧米化などさまざまな要因が重なると、若いうちからでも発症することがあります。いずれも発症すると命に関わる病気です。悪玉コレステロール値が高いほどこうした病気になりやすく、悪玉コレステロール値が治療の目安の一つになっています。動脈硬化の進行し始めにはほとんど症状がないので、本人が気づかないうちに動脈硬化や病気が進行し、血管の破裂や途絶などの大爆発に至ってしまう例は少なくありません。症状が出る前に予防活動を始めることがとても重要なわけです。

代表的な動脈硬化性疾患

・心臓…心筋梗塞、狭心症など
・脳…脳卒中（脳梗塞、脳血栓）など
・足…閉塞性動脈硬化症（壊疽）など

・大動脈…大動脈瘤、大動脈解離など

動脈硬化予防で認知症対策

脳卒中の「卒中」は、血管や血液によって生じる病気の総称です。つまり、脳卒中には、脳の血管が詰まる場合（脳梗塞）と血管が破れる場合（脳出血・くも膜下出血）があります。脳出血やくも膜下出血などは、動脈硬化や先天的な素因で血管の壁にもろいところができ、血管が破れる病気です。脳の動脈が破れると、血液が脳の中にあふれ出たり、脳の外側に溜まり、脳を圧迫して壊します。どちらも非常に重篤で死亡率の高い病気です。

脳梗塞は、脳に行く血管の動脈硬化が進んで脳の血管が詰まる病気です。脳の血管が詰まると、その先にある脳細胞に酸素や栄養を供給できなくなって脳細胞が死んでしまい、脳の機能が失われるため、マヒやさまざまな障害が起こります。血管が詰まった先の領域が平衡感覚を司るところであれば、めまいやふらつきで立てなくなります。また、口や舌を動かす筋肉を調整できなくなり、スムーズに言葉が話せなくなります。視力を司る領域が侵されれば、目が見えなくなります。感覚障害と運動障害は血管が詰まった側と反対側の体に出るので、左側だけ（もしくは右側だけ）がしびれる、力が入らないという状態がよく見られます。

脳卒中というと半身不随などの後遺症が有名ですが、記憶力や計算能力、合理的な思考能力が落ちることも珍しくありません。日本人の認知症の六〜七割は脳卒中が原因と言われています。動脈硬化の進行を抑えることは、脳卒中の予防と直結していて、半身不随や長期臥床（寝たきり）などの大きな障害に至らないためにも重要ですが、認知症を防止して、元気な社会生活を長期間維持するためにも欠かせないことなのです。

肝臓・腎臓の強化

体の工場〝肝臓〟を長持ちさせる

肝臓というと、お酒の飲み過ぎで悪くなる臓器という印象を持つ人が少なくありません。確かにお酒を飲み過ぎると悪くなるのですが、肝臓は体の中の工場として、さまざまな物質の合成や分解、排出を担っています。例えば、消化管から吸収されてきたさまざまな物質を栄養源として利用できるように分解したり、体で発生した不要な物質を無毒化して排出されやすくしたり、さらには体が必要な高分子化合物を合成したりしています。さまざまな機能を担い生命維持に必須の臓器であることから、ボリュームも大きく、多少の障害では機能不全におちいることのないようにたっぷり予備の能力を蓄えています。しかし、余裕を持った肝臓でも長年にわたって酷使すれば、次第に機能は衰えます。最初は予備の部分で機能が果たされるので、全く症状が出ない状態が長く続きますが、いよいよ予備能がなくなってくると、あるいは肝臓への負担が大きくなると、分解すべきものが分解できなくなったり、必要なものを作り出すことができなくなります。そうなってくると、最初はだるい、疲れやすい、発疹が出る、体がむくむなど、特徴の少ない症状が始まります。

さらにひどくなると、ビリルビンと呼ばれる物質の代謝が落ちて、体が黄色くなってきます。これが黄疸と呼ばれる症状です。女性ホルモンであるエストロゲンや尿の排泄を減らすアルドステロンの分解が行なわれにくくなるので、乳房が膨れてきたり（女性化乳房）、浮腫、腹水貯留なども起こります。もっとひどくなって、アンモニアを始めとする体の老廃物が処理できなくなると、息が臭くなったり、溜まった毒で神経細胞の機能不全が生じ、意識障害をきたします。肝臓の機能がいよいよ下がってくると、出血を止める凝固因子や血小板が少なくなるので、ケガの出血が止まりにくくなります。また、肝臓内を流れる血管が詰まり、血液が皮膚の静脈や食道の静脈を通って心臓に戻るようになるので、おなかの皮下血管の拡張や食道静脈瘤（食道に沿う静脈が太く破れやすくなったもの）が発生します。肝臓の障害の直接の死因は食道静脈瘤の破裂による出血死であることが少なくありません。

登山そのものが肝臓を酷使することはありませんが、乱れた食生活や適量を超えた飲酒などは肝臓を疲弊させる原因となります。アルコール性肝炎と呼ばれる状態から、肝硬変、肝臓がんへと進行することは珍しくありません。登山愛好家には酒豪と呼ばれる人が少なくないので、この点は非常に心配です。また、お酒を飲まなくても、運動量に見合わない大量のカロリー摂取が続くと、内臓脂肪の蓄積とともに、肝臓にも脂肪が溜まり、脂肪肝という状態になります。脂肪肝が悪化すると、肝臓の機能が落ちるだけでなく、肝硬変、肝臓がんへと進行することがあります。

適量のカロリー摂取を行ないながら登山をすることは、肝臓を健康に保つために非常に有効です。初期の肝臓の病気では、生活指導として食生活の改善と運動が勧められますが、荷物を増やさないように食料を抑え、有酸素運動を長時間行なう登山は肝臓の機能維持には最良の運動と言えるでしょう。ただし、数日にわたる活動では、活動中の食事の内容も肝臓にやさしくする必要があり、タンパク質や分枝アミノ酸と呼ばれる肝臓にエネルギーを与える栄養素を補充することが大切です。

腎臓を疲れさせないための水分補給

腎臓は体の水分量と体内の液体の濃さを調節しています。例えば、体の中の水分が多いと感じると、たくさん尿をつくり体の水分を減らします。塩分の摂り過ぎで体の中のナトリウムイオンが増えると、薄めるために水の排出を抑えて、濃度を下げようとします。こうした機能は血圧の調節にも大きく影響していて、腎臓が悪くなると血圧が上がってしまいます。また、必要なものを体から逃さないことも腎臓の重要な機能で、腎臓が悪くなって、体に必要なタンパク質が尿と一緒に出ていってしまうとネフローゼ症候群という病気になり、足りなくなったタンパク質の補充が必要になります。

腎臓の病気でよくあるのは、体質や食べ物の嗜好で尿に結晶ができやすくなり、尿の通り道を塞いでしまう尿管結石、体外から尿の流れと逆の方向に細菌が侵入し、腎臓で細菌が増えてしまう尿路感染などです。これらは尿がたくさん流れている方がかかりにくく、脱水にならないようにすることが大切です。そのほか、全身性の細菌感染やアレルギー疾患、膠原病などでも腎臓が悪くなることがあります。そして、現在多いのが糖尿病の悪化で腎臓が悪くなることです。糖尿病では腎臓の細胞も栄養がうまく使えなくなり、機能を果たせなくなります。また、肝臓の機能が落ちると、腎臓に流れ込む血液に毒物が多くなるので、腎臓の機能も落ちてきます。

腎臓は薄い尿をたくさん出す方がエネルギーを使いません。尿を濃くする方がたくさんのエネルギーを必要とするので、腎臓の細胞を酷使することになります。ですから、腎臓を大切にするには脱水防止が重要です。汗をかいたらこまめに水分摂取をする、塩分などの電解質イオンの摂り過ぎに注意する、などが腎臓を長く大切に使うコツです。

腎臓は大切な臓器なので体に二つ備わっています。片方が結石や尿路からの細菌の侵入で機能しなくなっても、もう一つが機能している間は生命を維持することができます。最近は医学の進歩で両方とも機能しなくなっても、腹膜透析、血液透析、腎移植などで生存し続けることが可能にはなっていますが、こうした状態は元気に山を登れる状態とはかなり異なります。やはり、自分の腎臓を大切にして、長持ちさせることが健康長寿につながります。登山を長く楽しむには、普段から肝

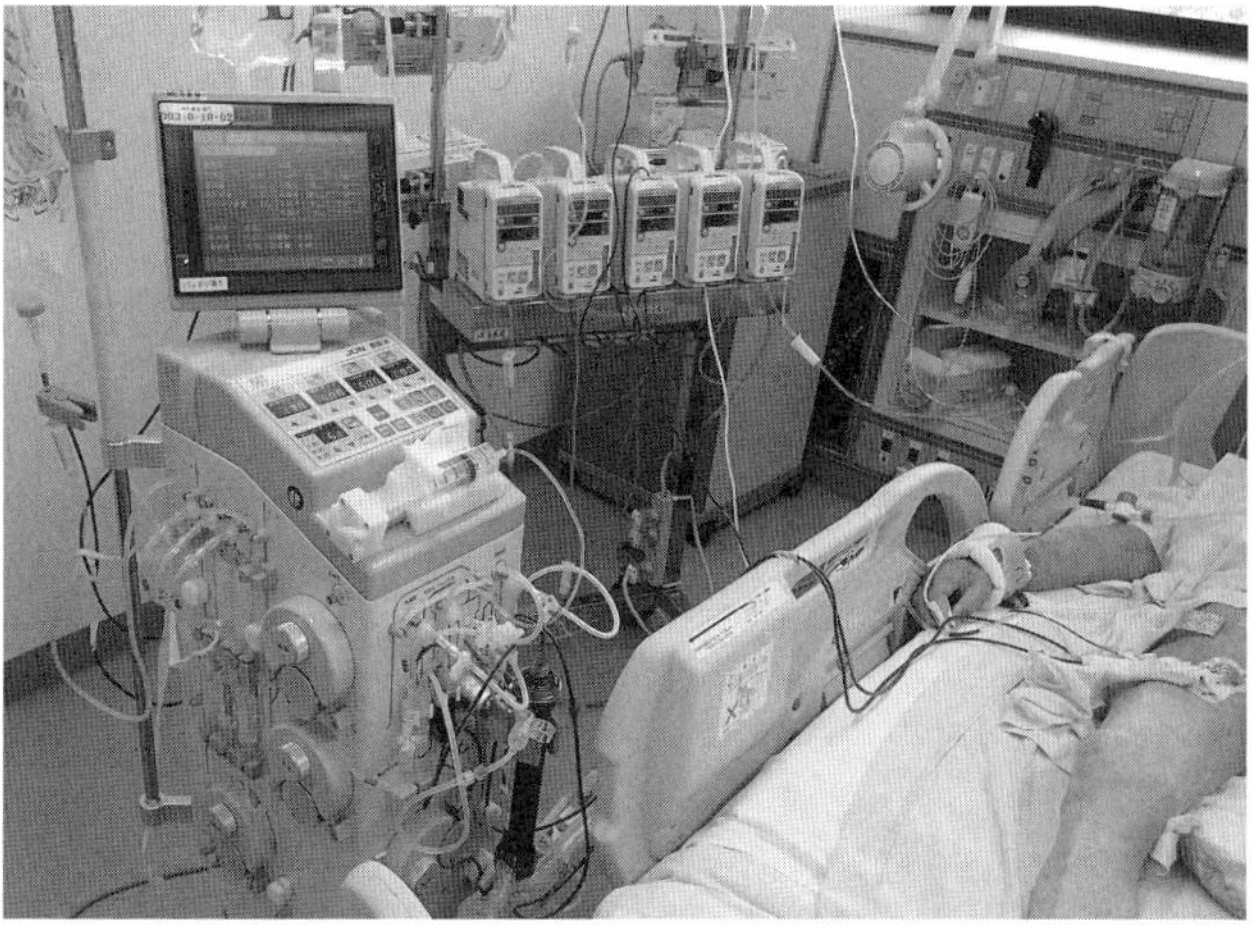

腎臓病が悪化すると人工透析が必要になる。平均的には1回4〜5時間、週に3回程度は機械につながれた状態を強いられる。

臓や腎臓に負荷をかけすぎない食生活を心がけ、腎臓を疲弊させせないように脱水防止に努めることが大切です。

血液系の強化

登山を活用して低酸素に強い体にする

長い時間運動を続けるには筋肉の力そのものよりも、筋肉への酸素や栄養を届ける手段の方が重要です。したがって、血管とその中を流れる血液がしっかり働いてくれることが大切で、酸素を結合するヘモグロビンとそれが入った赤血球も十分な分量がなくてはなりません。こうしたことから、持久系の運動をする選手たちは、高地トレーニングなどで赤血球ヘモグロビンを増やそうとします。

高地トレーニングをするとどうして赤血球ヘモグロビンが増えるのでしょう。例えば、標高四〇〇〇メートル程度の高所に数週間滞在すると、血液のヘモグロビン濃度が約三〇パーセント増加します。標高の高いところでは、気圧が低く、肺に吸い込んだ空気の中の酸素の圧力も低くなります。酸素を肺胞のすぐ外を流れる血液に押し込む圧力も下がってしまうので、血液が肺の血管を通り過ぎる間に、平地と同じように酸素を積み切ることができません。ちょうど、運送屋さんのトラックが積み込みエリアに来たものの、荷物を積む人の荷台に持ち上げる力が弱くて、規定の積み込み時間内に、予定通り満タンに積み込み切れず、七割程度積み込んだところで、次のトラックが来てしまい、積み込み切れていないトラックを配達に送り出してしまった光景を思い浮かべるとピッタリです。

こうした状況で予定量の配達をするためには、トラックは積み込み切れなかった荷物を、もう一回余分に積み込み場所と配達先を往復することで、なんとか運び切ろうとします。荷物輸送の場合はスピード違反をするわけにはいかないので、時間外の夜遅くまで配達してしのごうとするでしょう。しかし、血液循環が荷物輸送と違うのは、もともと夜昼なく血液は流れているので、休憩時間を潰してしのぐということができず、循環のスピードを上げることで対処するところです。心臓が頑張って、心拍数や心臓が一回の収縮で押し出す血液量を普段より多くすることで、血液循環を加速するわけです。ところが、血液循環が早くなると、肺で酸素を積み込む時間も短くなってしまうことから、もっと積み込める荷物が少なくなってしまうというジレンマが生じます。このような困った状態が続くと、疲れた心臓や十分に酸素を受け取れない筋肉、脳から、運ぶトラックを増やしてくれという指令が出ます。二〇一九年のノーベル医学生理学賞は、この反応を司るHypoxia Inducible Factor（HIF）という物質を発見し、その作用メカニズムを解明したグループに授与されました。

ＨＩＦの指令が出ると、ヘモグロビンや赤血球の生産が促され、赤血球の一つ一つが運ぶ酸素は少なくても、トータルの輸送量が確保できるようになります。先ほどの運送屋さんの例えで言うと、荷物を運ぶトラックを新たに調達すると考えるとわかりやすいと思います。この反応が起こるためには、数日から数週間の時間がかかります。また、ヘモグロビンの合成に必要なタンパク質や鉄分、ビタミン類を十分に摂らなくてはなりません。山登りを健康増進に活用すると、高地トレーニングと同様にＨＩＦが分泌され、持久系の運動に耐えられる体ができ、あわせて肺炎などの低酸素症にも抵抗力ができます。その際には、山の上での運動と合わせて、しっかりとした栄養摂取が必要となります。

貧血対策で注意すること

人間のヘモグロビン量は性別や年齢によって平均値が異なります。男性では高く、女性では低くなり、両性別とも高齢になると低下します。高齢になると数値が下がるのは、体の成長に伴う細胞分裂や生活動作での基礎代謝が少ないために酸素の需要が減ること、血液をつくり出す機能も落ちることなどが原因です。また、喫煙者では、タバコの煙に含まれる一酸化炭素で、ヘモグロビンの一部が酸素運搬能を失うため、非喫煙者よりも一〇パーセント程度ヘモグロビン量が多くなります。しかし、酸素を運べない赤血球なので、決してよいことではありません。ヘモグロビン濃度が低下した状態を貧血と診断しますが、成人では男性一三g/dL、女性一二g/dL以下が、これに相当します。高齢者（六十五歳以上）では、一一g/dL以下を貧血と考えます。

標高4000m以上での滞在日数と血液ヘモグロビン濃度

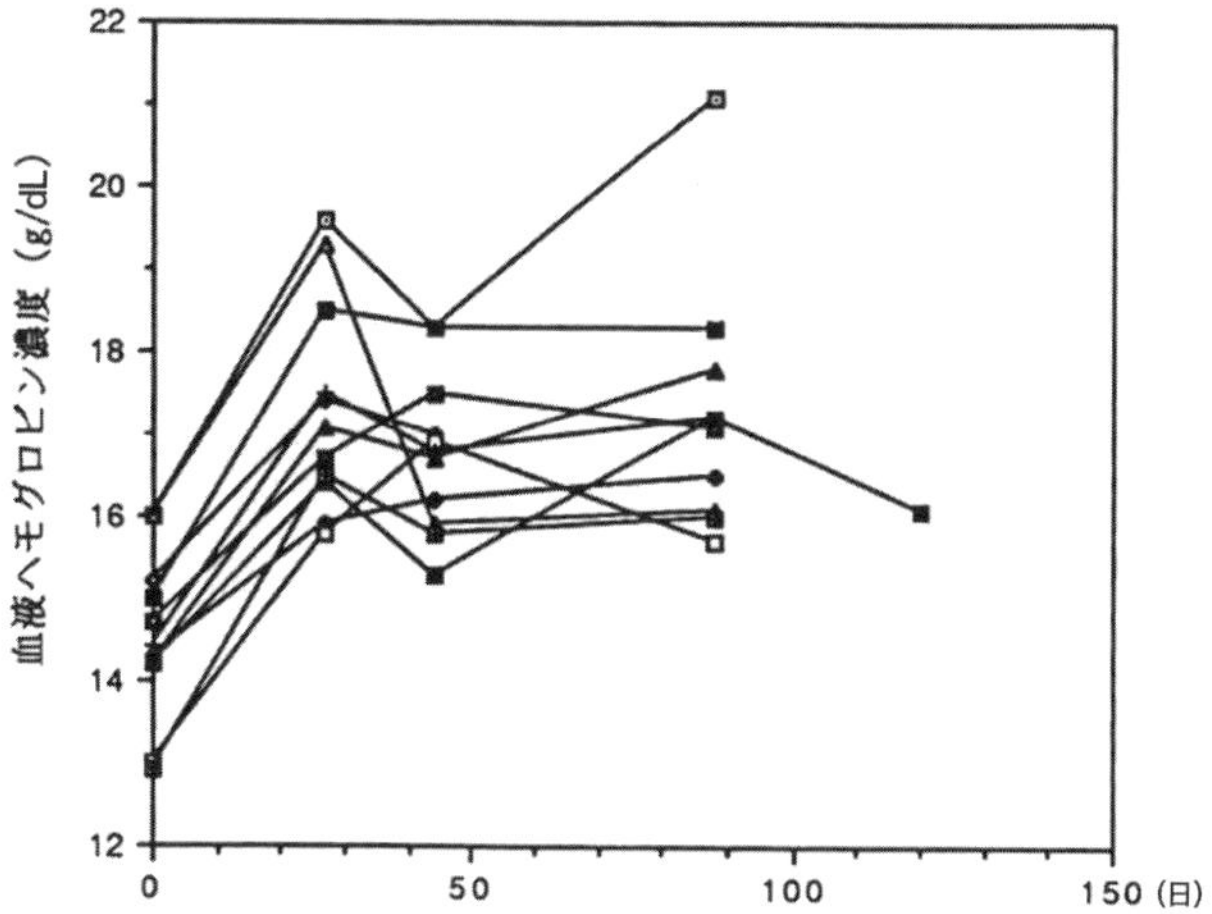

酸素不足が続くとヘモグロビン濃度が増加する。標高の高い、酸素の圧力の低い環境に長期間滞在するとヘモグロビンの産生が刺激される。

年齢層別の貧血の基準（日本国内）

年齢層	貧血と判定する血液ヘモグロビン濃度(g/dL)
新生児	13 以下
乳幼児	11 以下
学童	12 以下
成人男性	13 以下
成人女性	12 以下
妊婦	11 以下
高齢者(65 歳以上)	11 以下

年齢層で貧血の基準が異なる。活動量が少なく、細胞の新生・再生が遅い高齢者では酸素の必要量も少なくなり、ヘモグロビン濃度も減少する。

ある程度ヘモグロビンや赤血球が増えて酸素の輸送能力が高まることは、持久系の運動能力を高め、低酸素になりにくい体をつくるためには好ましいことですが、何事にも副作用はあるもので、赤血球が増加すると血液が濃くなり、ドロドロしてきます。粒入りの濃い飲み物をストローで吸い上げるのが大変なのと同じように、細い血管や流れの遅い静脈で血液が流れにくくなり、固まりが詰まりやすくなります。先ほどの運送屋さんの例えで言うと、敷地の広さに比べてトラックの台数を増やし過ぎると、出入り口が混雑してしまい、流れが滞ってしまう状況です。これでは一台一台の動きが鈍り、一定時間内に運べる荷物の量が思うように増やせません。また、トラック同士の衝突など事故の原因になります。赤血球の数も増えすぎると効率が悪くなり、血管内に詰まって合併症を起こしやすくなってしまうのです。病名で言うと、脳梗塞や心筋梗塞、肺梗塞（エコノミークラス症候群）などが起こりやすくなります。

これを避けるには、赤血球の周りの液体（血漿）を増やして、赤血球が窮屈になりすぎないようにする必要があります。つまり、水分をしっかり摂って脱水防止を心がけなくてはなりません。登山活動中は水分のロスが極めて大きく、エネルギー消費も亢進します。しかし、多くの場合、水分やエネルギーのロスを山中で補うためには、水や食料などの重い荷物を自ら背負って歩かなければならず、重い荷物を持てばエネルギー消費も水分のロスもさらに増えるのですから、血液や組織液で構成される体液の管理を、登山活動中に適切に行なうことは難しい作業になります。結局、山に向かう前や飲み物を確保できる場所で、体を維持するために必要な水分を十分に摂取しておくことが肝心です。また、山から下りたら、補充しきれなかった水分をまず最初に補給しなくてはなりません。

もう一つ注意する必要があるのは、運動が原因の貧血です。運動で酸素の需要を増やすことは血液の産生を促すので、普通は貧血になりにくくなるのですが、激しい運動、衝撃の強い運動をやり過ぎると貧血になることがあります。例えば、長い距離を走ると、足の底を流れる血液には着地ごとに強い力が加わることになり、その「衝撃」で赤血球が壊れて貧血になることがあります。衝撃だけではなく、運動中は筋肉の間の細い血管を速い速度で血液が流れるので、その時間が長い持久系運動では、血球の膜が傷んで壊れやすくなるとも言われています。トレイルランニングや山岳耐久レースのように激しい着地を長時間繰り返すと、このタイプの貧血になりやすいので、こうしたタイプの登山をする場合は貧血のチェックが欠かせません。もちろん、運動して血液を作る需要が高まっているので、原料となるタンパク質や鉄分、ビタミンを必要な量摂取しなければ、材料不足の貧血になります。運動してスリムな体をつくろうと考える人が陥りやすいと言われているので、太り過ぎはよくありませんが、痩せ過ぎにも注意しなくてはなりません。

免疫系の強化

キレイすぎる環境から離れてみる

医学用語には「免疫力」という言葉はありません。一般に「免疫力」と表現されるのは病気に打ち勝つ能力の全体像のようで、医学的な「免疫」反応の良否と、病気から回復する体力、組織の再生能力などを総合したものを指しています。ですから、これまで紹介した、肺の元気さや心臓の予備力、低酸素に強い血液の性状なども「免疫力」の重要な要素です。

ここでは、狭い意味の「免疫系」を強くする秘訣を解説しましょう。体には、ウイルスや細菌の侵入を防ぐ段階と、侵入した敵と戦う段階の二段階の免疫の仕組みが備わっています。第一段階は目、鼻、口、腸管などの粘膜で、異物が粘膜を介して体内に入るのを防ぎ、体外に出してしまう感染防御です。第二段階は、侵入し増殖し始めたウイルスや細菌を免疫細胞が捕えて排除する仕組みです。この段階の免疫にはさらに二つの仕組みがあります。一つは病原体の侵入後、直ちに働く機構で、「自然免疫」と呼ばれます。白血球の一種である好中球やマクロファージが病原体を飲み込み、リンパ球の一種であるNK細胞が病原体と病原体に侵入された細胞を破壊します。

この「自然免疫」に少し遅れて二つ目の「獲得免疫」機能が働き出します。外敵が侵入したことをヘルパーT細胞と呼ばれるリンパ球が察知すると、ヘルパーT細胞は周囲の免疫細胞に増殖、分化を促します。増殖し活性化された各種の免疫担当細胞は、感染巣に集まり病原体を攻撃します。その中で、B細胞と呼ばれるリンパ球は病原体を中和し無効化する「IgA」「IgG」などの抗体を産生します。「獲得」と呼ばれるのは、一度感染した病原体の化学的な性質を体が覚え、免疫担当細胞を素早く活性化させる能力を発育過程で獲得することができるからです。この仕組みにより、同じ病原体が二回目以降に体に入ったときは、本格的に病気になる前に素早く攻撃破壊することができます。

ということは、あまり清潔な環境で育ち過ぎると、抗原となる病原体に触れる機会が少ないので、免疫機能が育たないということにもなります。皮肉なことに衛生環境の整わない発展途上国の人で、さまざまな感染症の初回感染を生き抜いた人の方が、キレイ好きな先進国の人よりも免疫系はタフだという事実です。もっとも、先進国ではワクチン接種が広く行なわれており、主要な感染症の獲得免疫を病気にならずに起動させる術を普及させています。ワクチン接種では、毒性の弱い病原体や病原体から毒性を取り除いたもの、毒性と関係ない病原体の一部分などを体に注入して、実際に病原体が体に入ったときに素早く「獲得免疫」の機構が働くように、体に病原体の性質を覚え込ませているわけです。とはいえ、免疫系を撹乱しやすい化学物質や消毒剤に満ちた市街部を離れて、虫や野草に触れながら、病気にならない程度にさまざまな抗原に接触する山歩きは、免疫機能アップに貢献すると考えられます。

ところで、細胞分裂の際、遺伝子の読み取り間違いが起こり、異常な細胞が発生することがあります。この異常な細胞が増殖し、塊をつくったのが「がん」です。がん細胞は細菌などに比べれば正常細胞に近いものの、正常ではないので免疫担当細胞の攻撃対象です。大きく育ってしまうがん細胞は、この免疫機能をくぐり抜ける能力を持っています。免疫力を強くしておくと、がんにもなりにくいことがわかります。

免疫系を強くするには激しすぎる運動に注意

免疫の立役者であるT細胞やB細胞、リンパ球などは、骨髄などに存在する造血幹細胞が分化して産生されます。しかし、こうした細胞分裂を伴う生体反応は、加齢とともに始動に時間がかかるようになり、産生される細胞数も少なくなります。その結果、免疫細胞の数が減り、個々の免疫細胞自体の機能も若年者より低いため、年を重ねるにつれて免疫力が落ちることになります。しかし、暦上の年齢に従ってだれでも同じペースで免疫力が落ちるわけではなく、日頃から健康増進に取り組むことで免疫力ダウンのスピードも遅くすることができます。

一方、乳幼児や子どももも免疫力が十分ではなく、感染症に強くありません。免疫力はさまざまな異物や病原体などに曝《さら》されながら徐々に獲得していくものなので、免疫を獲得する過程にある乳幼児は感染症にかかりやすいのです。なお、生まれてからしばらくは母親の体からもらった抗体類で一定の免疫力が備わっています。妊娠中も免疫力が下がりますが、これは、妊娠中はホルモンのバランスが崩れる、つわりなどで食事が摂れず栄養状態が悪くなる、睡眠不足になりやすい、ストレスを感じやすいなど、免疫力が落ちる要素が複数あるからです。また、母体では胎児を侵入物として排除しないように、マクロファージやＮＫ細胞などの細胞性免疫が低下しています。

厳しいトレーニングを積み、鍛え上げた肉体を持つアスリートは、免疫力も高いと思われがちですが、実はそうでもありません。マラソンなどの激しい運動をした人は、しなかった人に比べて運動後に風邪にかかる率が数倍増加したという報告もあります。強い身体的ストレスを受けると自律神経のバランスが乱れ、IgA分泌が低下するなど免疫力が弱まってしまいます。また体のエネルギーが細胞分裂を必要とする免疫系に振り分けられなくなります。体の代謝が活性化し、全身の血流が促進される程度の適度な運動が免疫力をアップさせます。運動不足も激し過ぎる運動も免疫を落とすことから、汗を軽くかく程度の運動が免疫力強化には有効と考えておきましょう。

免疫力アップにつながる生活習慣

感染症にかかると熱が出るのは、熱に弱いウイルスを叩くためと言われています。また、下痢は、腸に到達した細菌やウイルスなどの外敵を体外に早く排出するための反応で、免疫反応の一種です。ですから、解熱剤や下痢止めをやみくもに内服して症状だけを抑えてしまうことは、病原体の破壊や排出を遅らせ、病状を悪化させたり、長引かせたりします。

ウイルスが熱に弱いということは、体の冷えは感染症予防の観点からすればマイナス要因です。体が冷えると血管が収縮して血流が悪くなり、体の隅々に栄養や免疫細胞が運ばれにくくなることでも免疫力が低下します。ですから筋肉量が少なく、熱の産生量が少ない痩せ型の人は注意が必要です。適度に運動し、筋肉を動かすことで体の代謝が高まり、末梢循環もよくなり、免疫力が強化されます。

睡眠も重要で、睡眠時間が六時間以下と短い場合、唾液中のIgAの分泌が下がるなど、免疫力の低下がみられます。免疫担当細胞のT細胞が病原体などの抗原の情報を長期間記憶するためにも睡眠が必要だと言われています。動物には体内時計があり、自律神経やホルモンの分泌などを制御しています。しかし、生活の規則性が崩れると、それらが乱れ免疫力が低下します。十分な睡眠時間の確保も含めた規則正しい生活が免疫力を強化します。

規則正しい生活リズムに加え、心理的な抑うつ状態を避けることも免疫力を低下させないために重要です。日々の笑いは、免疫力を高めることが知られており、楽観的思考の人は、心理的ストレスにさらされても免疫機能が下がりにくいと報告されています。もちろんこうした生活パターンの適正化に加え、食生活では過食にならず、バランスのよい食事をすることが大切です。ビタミン類を多く含む野菜や果物、タンパク質を多く含む豆類などを十分に摂ることで、免疫細胞や抗体の材

病原体の侵入を防ぐ3段階の防御体制

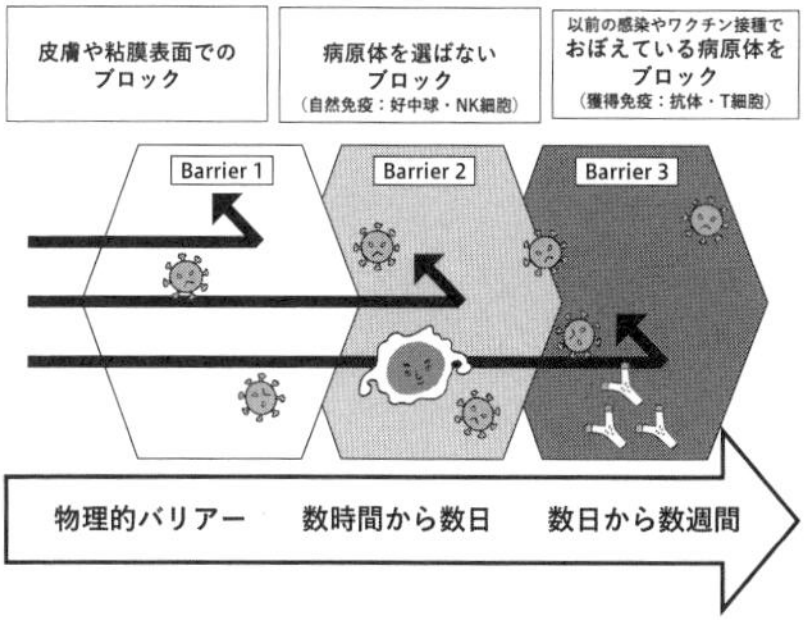

生体は複数の免疫機構で病原体の侵入や増殖をブロックする。病原体を特定しない自然免疫と、過去の感染記憶に基づいた獲得免疫がある。

唾液中の免疫グロブリン(IgA)分泌速度（μg/分）と年齢の関係

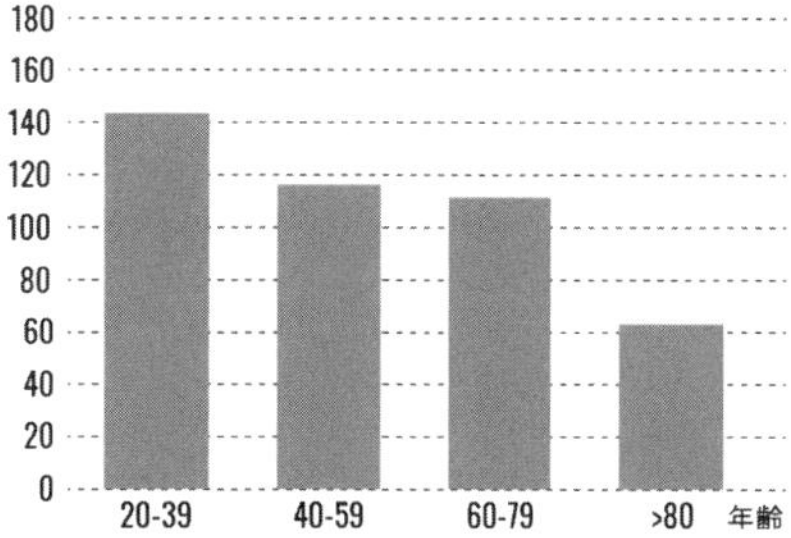

年齢が高くなると免疫機能は徐々に低下する

（ロンドンGuy's病院 Challacombe: Oral Microbiol Immunol. 1995;10:202）

年齢とともに免疫機能が下がる。細胞の機能も抗体の産生速度も年齢とともに低下するので、病原体が体に侵入しやすくなる。

睡眠と免疫能の関係

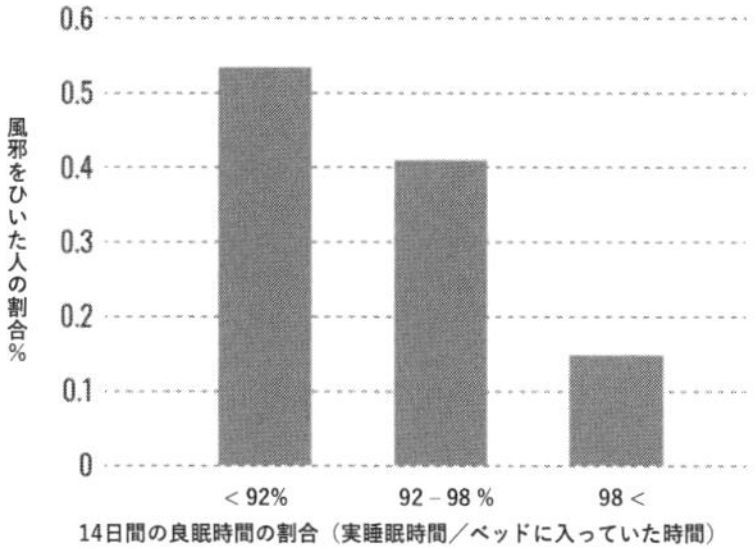

Arch Intern Med. 2009 Jan 12;169(1):62-7.

睡眠時間が免疫機能と関係する。十分な睡眠時間をとれなくなると免疫機能が低下し、感染症に対する抵抗力も弱くなる。

料が揃います。注意すべきは糖尿病で、糖尿病にかかり、血糖のコントロールが悪いと感染症のリスクが格段に高くなります。

限られた量の食料を持って、壮大な景色を眺め、仲間と楽しく語り合いながら、無理のないペースで山を登ることは、免疫機能活性化にいいことずくめです。日の出頃には活動を開始し、山から下りたらお風呂でさっぱりして、山菜や川魚の比較的あっさりした夕食を摂って、早々に床に着くという一日のリズムも、免疫機能を最大限に引き出す規則正しいライフスタイルの典型と言えるでしょう。

筋肉の強化

寝たきりにならないための筋肉運動習慣

健康長寿の意味するところは、人生の最後まで自立的に動き続けることで、いわゆる「寝たきり」の状態が人生の最後に何カ月、何年も続くことのないようにすることです。寝たきりになってしまう大きな原因の一つは、筋力低下です。そして、筋力低下を起こすのは、動かないこと（不動化）なので、動かないことと動けないことは相互に加速する関係にあります。筋力が落ち始めると動くのが面倒なりますが、動くのは面倒だから少しでも動かずに済むようにしようという発想があると、動けなくなるサイクルが一気に加速します。

骨折やそのほかの病気でしばらく動けなくなることはあり得ますが、当座の問題が解決したら少しでも早く動き出すことが大切です。多少大儀でも、体を動かし始めないと、リハビリが進まずそのまま動けない体になってしまいます。体を動かさない状態が続くと、初期に約一～三パーセント／日、一〇～一五パーセント／週の割合で筋力が低下し、一カ月経過すると筋力は半分になってしまいます。これを回復させるには、真面目にリハビリ運動に取り組んだとしても、動かなかった日数の何倍も必要です。若者でも同様の現象は起こりますが、細胞分裂のスピードの遅い高齢者ではより時間を要することになります。

日頃から筋肉を動かす運動習慣をつけておくことが大切ですが、あわせて骨折などの動けなくなる原因を作らないように転倒防止、事故防止も欠かせません。登山中の事故の内訳では、転落・滑落・転倒など転ぶことに関係した事故が半数以上を占めていますが、こうした事故は下山中に発生することが圧倒的に多く、筋力の不足が転倒の原因と言われています。下りでは心臓や肺への負荷は少ないものの、スピードを調整し、障害物を避けながら登山道を下るには、登りよりも大きな筋力が必要になります。それに見合った筋力が身についていない人が転倒、転落事故を起こします。事故に至らなくても、「筋肉痛が出る」、「膝が笑う（足が安定しない）」、「膝に痛みが出る」などは、脚の筋力不足の信号です。

ここで、山は転倒しやすいから行くのを止めようという発想は、先ほどの動かないから動けなくなる発想と同じです。使わない能力はさらに衰えてしまうので、山の坂道歩きも苦にならないように鍛えよう、工夫しようと考えると日常生活でも転倒しにくくなり、健康長寿につながります。

山歩きでの筋力鍛錬で日常の転倒も防止する

登山で使用する代表的な筋肉は、体幹部以下では、大腿四頭筋、下腿三頭筋（腓腹筋・ヒラメ筋）などの膝上下の筋肉群と姿勢を維持するための腹筋、背筋であり、上半身では、肩周囲の大胸筋、僧帽筋、バランス保持で活躍する上腕二頭筋、三頭筋、三角筋などです。こうした筋肉群は、坂道や階段の登り下りで使用頻度の高い筋肉ですが、それはそのまま転倒防止のために強化すべき筋肉でもあります。これらの筋肉は平地のウォーキングだけでは強化されないので、坂道や階段の昇降、椅子の着座起立、スクワットなどで強化に取り組む必要があります。登山のためのトレーニングとしてウォーキングを行なう人は多いですが、歩行動作で利用される下肢の筋は、大腿部後面、下腿部前面および後面が中心で、登山で使う筋とはかなり異なり、これらの運動だけでは登山のトレーニングにも、転倒防止にも十分ではありません。

また、平地歩行と山道歩きで大きく異なるのは、山道は整地されていないということです。転がりやすい石や木の根、岩の段差などをうまくかわしながら長時間歩くので、脚の筋肉への負担は整地された平地の道路や遊歩道を歩くときより格段に大きくなります。平坦な板の上、玉砂利道、砂をまいた道といった、異なる路面上を歩行しているときの筋活動量の違いを調べた報告では、玉砂利や砂路面では、臀部、大腿部、下腿部すべての筋肉に対して負荷が増加していました。特に、足の角度を調整して体の揺れを制御する下腿の筋肉と、膝を安定させる大腿の筋肉が重要な役割を演じていました。登山道は転倒や転落などの事故を引き起こす要因に満ちているわけですが、そうした場所でバランスを取りながら歩く練習を繰り返し行なうと、転倒防止、危険回避のための筋肉群を維持、強化できます。

筋肉ごとの働きを理解して健康な体づくりに生かす

山登りで強化される筋肉群ごとの働きを知ることで、それぞれの筋肉が毎日の生活でどう役立つか、健康管理にどう貢献するかを理解できます。

脊柱起立筋群：背骨の周りを取り囲む筋肉で、体を引き起こす、あるいは前傾・後傾姿勢を維持するために使われます。坂道の登りでは前傾姿勢となるので、登りの体勢維持に重要です。

腹直筋：体幹部の姿勢を維持にするために使われ、特に体幹を屈曲させるために活動します。坂道歩きでは地面の傾斜に合わせて体の軸の角度を調節する必要があり、特に坂道を下る際に前にも後ろにも体が倒れないように姿勢を保持するために大切な筋肉です。

腸腰筋：腰椎の内側から大腿骨の根元までをつなぐ、腰の位置を保ち大腿部を持ち上げる筋肉です。上半身と下半身をつなぎ、立ち姿勢を保つためには欠かせません。腹部内臓の後ろ側にあるので、体表からは見えませんが、よい姿勢の維持や足を高く上げて速く走るためにも活躍します。加齢にともない腸腰筋が弱くなってしまうことが多く、七十代以降の高齢者の筋力は二十代の約四〇パーセントと言われています。腸腰筋が弱くなってしまうと、アゴを突き出して背中が丸まった猫背姿勢や、逆に反り過ぎの不安定な姿勢になり、呼吸にも悪い影響が出ます。

大殿筋：平地の歩行ではあまり使われませんが、股関節を伸展しながら体を上に引き上げるときに重要な役割を演じます。つまり、大きく脚全体を振り上げて足を着地させなくてはいけない段差の大きな階段、ハシゴ、急傾斜の登りで大きな負荷がかかります。

大腿四頭筋：膝関節の伸展を行なう登山では最も活動する筋肉です。登りの膝運動ばかりでなく、下りでの減速でも重要な役割を演じるため、筋肉痛や障害が起こりやすく、特に年齢とともに筋力低下が起こりやすい筋肉です。登山を長く楽しむためには日頃から鍛えておく必要があります。逆にこの筋肉の筋力低下が原因で、膝に痛みが出て活動が思うようにできなくなることも少なくありません。

前脛骨筋：足関節を背屈（つま先を上げる）する動作で使用される筋肉です。障害物につまずかないように足の位置を調整するときに使われます。傾斜が急な斜面でも頻繁に使われる筋肉で、この筋肉に力が入らなくなるとつまずきやすくなり危険です。転倒防止のために強化が必要な筋肉で

地面の性状による下肢筋肉への負荷の違い

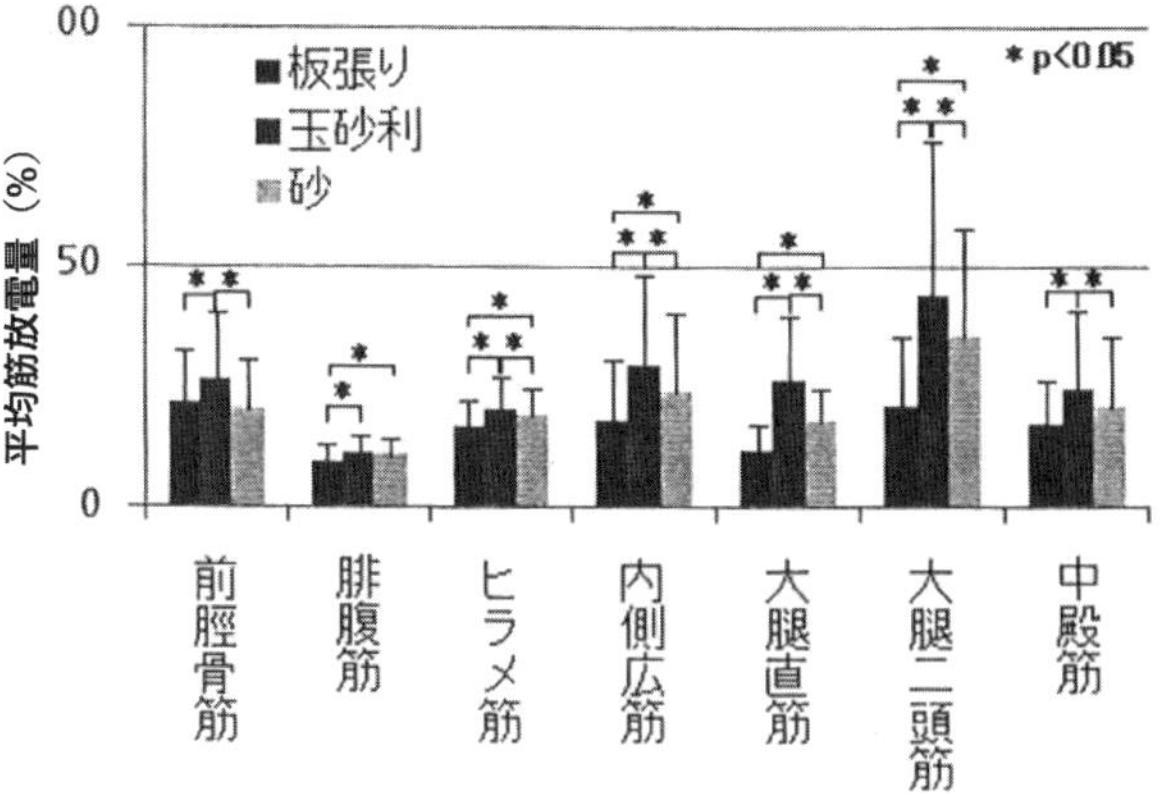

宮崎喜美乃 「登りに必要な筋」山歩きと健康管理の秘訣、朝日印刷 200!

荒れた路面では筋力を消耗する。不安定な路面に着地する際には、足の角度を微妙に調整するための筋肉群が活発に活動する。

主な筋肉群

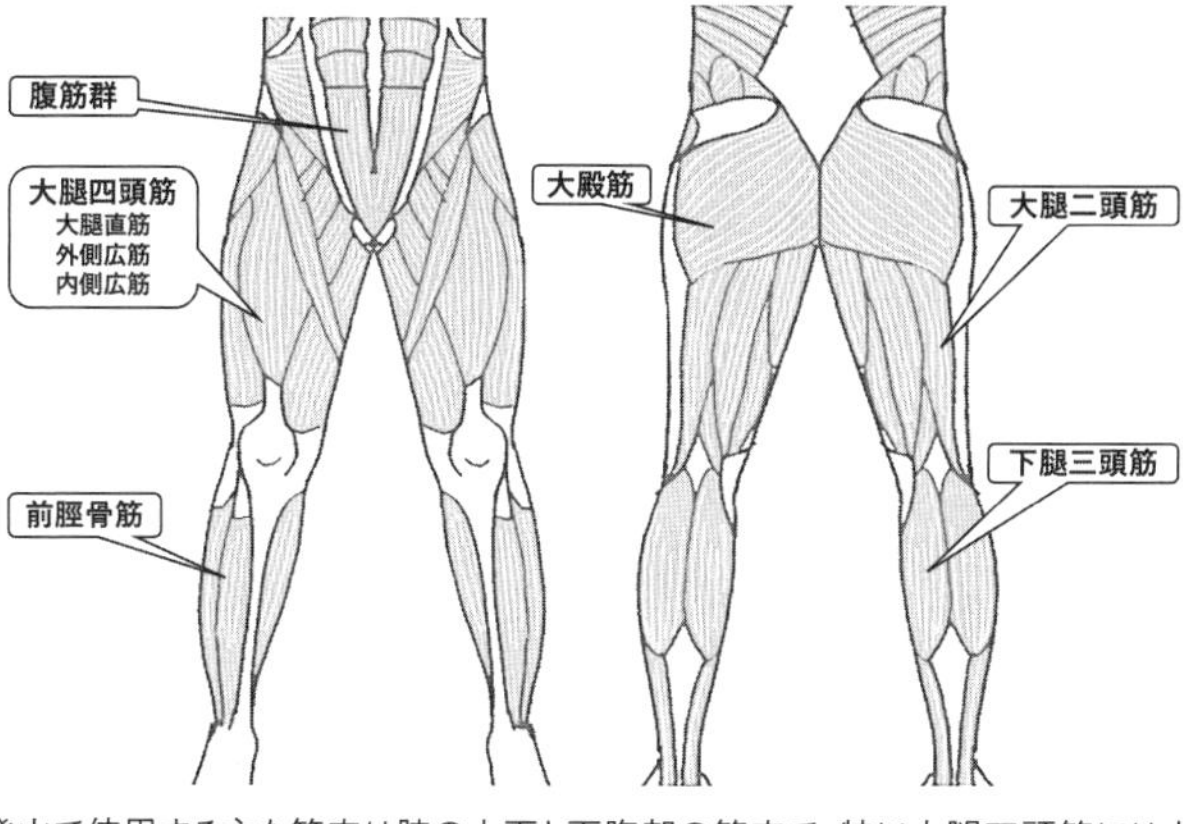

登山で使用する主な筋肉は膝の上下と下腹部の筋肉で、特に大腿四頭筋には上りでも下りでも大きな負荷がかかる。

す。

腓腹筋：足関節を底屈（足の裏側に曲げる）するために使用されます。登りの傾斜が増すにつれ、また、登りの速度が増すにつれて腓腹筋への負荷が高まります。つま先を階段の端などに乗せ、足の後ろ側半分以上が空中に浮いた状態で体の上げ下げをする運動が強化法としてよく取り入れられています。

ヒラメ筋：腓腹筋を補佐する筋肉で、遅い速度で長時間登るときに活動が高まる持久系の筋肉です。歩幅が狭いゆっくりした坂道ではヒラメ筋が、大きな歩幅で膝を伸展させながら速く登る場合は腓腹筋が主に力を発揮すると言われています。

山の上りでは脊柱起立筋、腸腰筋、大殿筋、大腿四頭筋（外側広筋）などが鍛えられます。脊柱起立筋や腸腰筋は体幹の姿勢維持に重要で、姿勢のよいことは効率的な呼吸にも有効なため、これらの筋肉強化は肺炎などの病気の予防にも貢献します。下りでは腹直筋、大腿四頭筋（大腿直筋、外側広筋）が鍛えられ、腹直筋も体幹を支え姿勢を維持するのに大切です。山登りとその準備としての運動習慣を通じてこうした筋力を維持、強化しておくことは、膝痛、腰痛対策にもなり、寝たきり予防、長く歩き続けられる体づくりを約束します。

どこでも簡単にできる運動でこまめに筋力強化する

短期間の筋肉運動停止でも簡単に筋力が落ちていくことから、筋力維持には「毎日やる」、「思いついたらいつでも動かす」といった習慣づけが必要です。ここでは、特に道具がなくても簡単にできる代表的な筋力トレーニングをあげておきましょう。どのトレーニングも、適度なおもりを入れたザックを背負って行なうと、より強いトレーニングになります。自体重では楽すぎると感じる人は試してみて下さい。また、筋力トレーニングの前後に、ゆっくりと筋肉を伸ばすストレッチを加えると、柔軟性の確保につながります。

A　体幹の筋力トレーニング1「上体起こし」

1・床に仰向けになり、両膝を九十度に立てます。両腕は胸の上で交差させます。

2・この状態から、両腕の肘が大腿部に当たるまで身体を起こし、戻すときは、肩甲骨が床に着くまで倒します。

この動作を繰り返します。ただし、腰痛のある人は、無理に行なわないようにしましょう。

B　体幹の筋力トレーニング2「レッグレイズ」

1・仰向けに寝ます。脚をまっすぐに伸ばし、手は体の横に伸ばして床につけておきます。

2・腰を床につけるように意識しながら、両脚を床から浮かせます。

3・垂直まで浮かせたら、ゆっくりと元の姿勢に戻ります。床に着くまで戻し切らず、脚が床から少し浮かせた状態で止めておくと効果的です。

この動作を繰り返し行ないます。

C　脚の筋力トレーニング1「椅子立ち上がり」
1・肩幅に足を広げ、安定した台や椅子（高さ四〇センチぐらい）に座ります。両腕は胸の前で交差させます。

2・つま先が膝より前に出ないように、膝関節を屈曲させます。

3・この状態から、上半身を前に倒さないように、両膝がしっかり伸び切るまで立ち上がります。

4・座るときは、お尻が台に当たるまで降ろし切ります。

この動作を繰り返します。椅子を使わず、椅子があるかのようにスクワット姿勢を繰り返すとさらに効果があります。

D　脚の筋力トレーニング2「スタンディングカーフレイズ」
1・足幅を肩幅よりも少し狭くして、段差に両足の三分の一ほど乗せます。転倒防止のため、手

上体起こし　腹筋強化の運動で、体をひねったり、背骨を曲げたり、姿勢を保持したりと、あらゆる運動で必要となる腹筋群を鍛える。

レッグレイズ　腹筋群の腹直筋下部を主に鍛える運動。脚を大きく振り上げたり、前傾姿勢を保持するときに使用する筋肉が強化される。

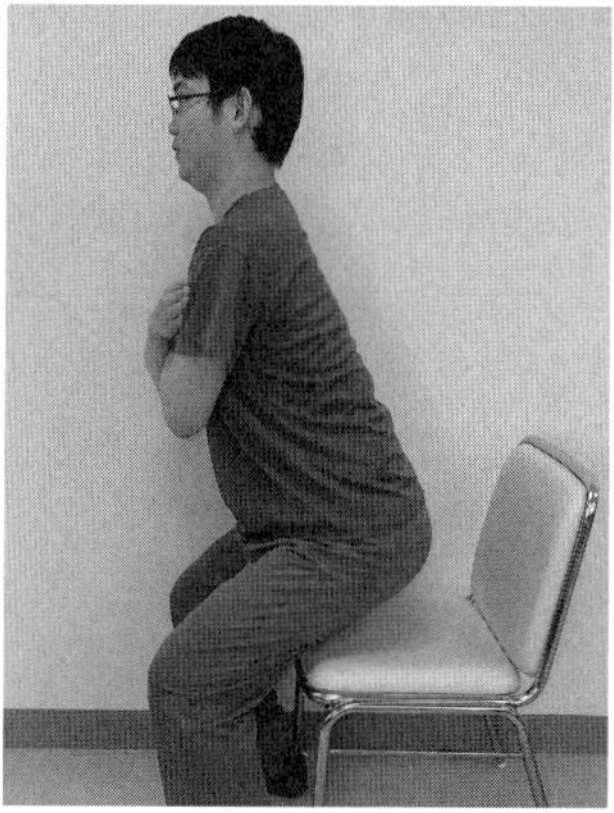

椅子立ち上がり　大腿四頭筋を代表とする大腿部の筋肉、大殿筋群などが強化される。股関節や膝関節の負担軽減に必要な筋肉が鍛えられる。

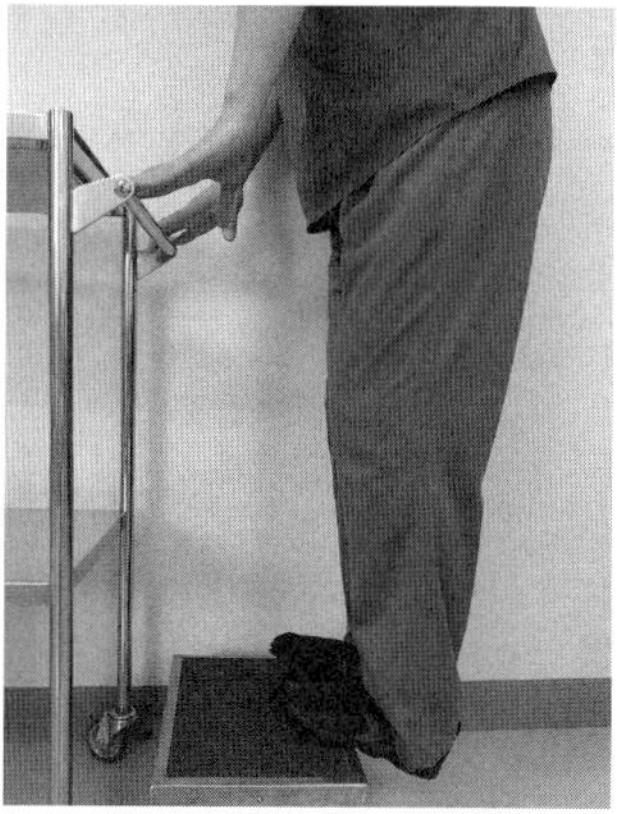

スタンディングカーフレイズ　腓腹筋のトレーニングで、ランニングやジャンプなどのスポーツ動作やつま先立ち歩きなどで使う。

すりやテーブルの角など安定する場所に手を添えておきます。

2・体全体を少し前傾させて、かかとを少しずつ上げていきます。

3・最大の高さまで上げたら、ゆっくりと下げていき、水平よりももう少しかかとを下げます。

この動作を繰り返します。

登山の筋肉運動で血流改善、血栓症予防、細胞再生力強化

健康長寿のために筋力維持が重要だと言われるのは、転倒防止だけが理由ではありません。筋肉を動かすと、その間を走る血管も押されたり緩められたりします。そうした力は血液を進行方向に進めることを助けます。特に脚の静脈には弁があり、立った状態で脚の筋肉が収縮すると、押された血管の中の血液は重力に逆らって心臓の方向に進み、筋肉がゆるんでも弁のおかげで下には下がりません。筋肉を動かさないと、このような血液の流れが起こらないので、血液が鬱滞《うったい》して、足がむくんだり、静脈の一部がコブのように膨れたり（静脈瘤）、淀んだ血液が血管の中で固まってエコノミークラス症候群のきっかけをつくったりと、いいことがありません。筋肉を動かすことが血流をよくすることに貢献することがわかります。

また、活動している筋肉からは血管を伸ばすための信号物質が分泌されます。ＶＥＧＦ（vascular endothelial growth factor）がその代表ですが、運動するということは血液からの酸素や栄養の供給

をより多く必要とするということなので、血管も育てて運搬を容易にするようにと指令が出るわけです。こうした因子は心臓や脳の虚血性疾患（心筋梗塞や脳梗塞）の再生医療にも応用が期待されていて、臓器の元気さを取り戻すための特効薬と考えられています。そのほか、筋肉の量が維持されると、体の基礎代謝（体を維持するために必要な最低限の栄養量）が高く維持されるので、同じ量を食べても太りにくくなります。糖尿病の患者さんには食事の制限と合わせて運動習慣を強く勧めますが、その理由がここにあります。

このように筋力を維持することは体を健全に保つためにいいことずくめです。にもかかわらず、放っておくと、男女ともに加齢に伴い筋肉量は減少します。その減少量は、上半身よりも下半身の方が大きいことが多く、前記のように大腿四頭筋や腸腰筋などが高齢者で弱くなりやすい筋肉の代表です。老化に従って「足腰が立たなくなる」とか「足が効かなくなる」と言われますが、こうした筋力低下が主たる原因です。もし、筋力が低下した高齢者が筋力の低下を自覚せずに、若い頃と同じような登山をすれば、身体トラブルが起こり、事故も発生しやすいことは容易に想像できます。加齢に伴い最も大きく低下するのは平衡性（バランス能力）で、その次が筋力（上体起こし）という調査結果もあります。

そこで、健康長寿につながる筋力維持のためにも登山のような坂道歩きの習慣がおすすめです。あらゆる運動で筋肉の機能は欠かせませんが、登山のような持久系のスポーツでは、極端な筋力は必要としないものの、そこそこのパワーを長時間出せる筋肉が鍛えられます。ボディビルダーのようなムキムキの体にはなりませんが、歩行のための筋肉がしっかりして、大腿四頭筋を代表とする下肢の筋肉や脊柱支持筋、腹筋群などの年齢とともに衰えやすい筋肉が重点的に強化されます。

登山に必要な筋肉を鍛えるための最もよい方法は、山にできるだけ行くことですが、一回の運動時間が非常に長い登山にひんぱんに出かけるのはなかなか難しいでしょう。実際に登山に出かけるのは月に数回にしても、週に一〜二日くらい坂道や階段を三十分以上歩くように心がけると必要な筋肉を維持することができます。もちろん、暇さえあれば家の中でも足腰の筋肉を動かすようにする習慣は、筋力維持と強化に非常に有効です。

日常生活と登山

感染の予防と衛生管理

病気のない人の体に病原体が侵入するのは口・鼻や尿道、肛門、そして目の角膜・結膜など粘膜面からです。粘膜面は栄養豊富な分泌物や組織液で湿っているので、病原体にとっては取り付きやすい場所です。皮膚は何層にも重なった緻密な繊維からできているので、噛《か》まれたり、尖ったものが刺さったりしなければ、ほとんど病原体が侵入することはありません。ですから、感染の予防は粘膜面をきれいにしておくことと、ケガ・虫刺されなどで皮膚が破れないようにすることの二つです。手洗いが感染対策として強調されるのは、手や指を粘膜面にもっていくことがしばしば意図的、あるいは無意識に起こるので、何かをつかんだ際に、病原体が付着した手や指が粘膜面に接触することを想定しているからです。皮膚が破れないようにする、虫に刺されないようにするには、長袖、長ズボン、手袋の着用などで皮膚表面が外部にさらされないようにすることが大切です。

登山者が活動する場所はチリや埃の少ない空気のキレイな環境ですが、地面や樹木の表面にはさまざまな細菌やウイルス、カビ、寄生虫などがそれぞれの生態系の中で生きています。病原性のないものがほとんどですが、中にはツツガムシ病のリケッチアやエキノコックスなど体に入ると重い病気を起こすものがあります。沢の水も雨の直後でもなければ濁りもなくキレイですが、動物の排泄物も混入するので、水道水のようなキレイさとは違います。ということから、山に出かけたら、家に入る前に手洗いやうがいをして、シャワーを浴びてから家での活動に戻るというのが正解です。山の中にいる間も、お弁当の前などにはウェットティッシュなどでしっかりと手を拭いておくことが勧められます。また、数日にわたる山中の滞在では、沢の通過時など、水が得られるときにはこまめに手や顔を洗い、山小屋に着いたら大きいサイズのウェットティッシュで体、特に会陰部《えいんぶ》などを清拭《せいしき》しておくと安心です。

鼻を通して息を吸うほうが埃やばい菌を取り除くことができ、鼻粘膜での免疫機構も働くので衛生的な呼吸だということを前の章で説明しました。ですから、感染予防の観点からは、口呼吸の時間が長くなるような歩き方をせず、ペースを落として、できるだけ鼻呼吸で歩き続けることが勧められます。

山では歯磨きはやりにくいですが、口の中を清潔にしておくことが大切なのはどこにいても同じです。口の中の細菌が気道に入り、気管・気管支炎、肺炎を起こしたり、食道から消化管に入り胃腸炎の元になったり、歯の出血部を通して血液に入って全身の炎症を起こしたりと、口の中の細菌はさまざまな病気を引き起こします。水の得られるところでは登山中でも歯磨きをした方がよいし、歯磨きまでいかなくても代用のガムなどで口の中の衛生管理を怠らないことは大切です。

尿道からの感染予防としては尿を溜めないことも有効です。おしっこを我慢して尿が溜まった状態が長く続くと、尿道を通じて外部から膀胱へ侵入した細菌が増えてしまいます。下腹部が痛くなったり、溜まっていないのに尿意を生じたりするのが膀胱炎の最初の症状です。細菌がもっと増えてしまい、腎臓の方まで達してしまうと高熱を発する腎盂腎炎になります。脱水になると排尿の間隔が空いてしまうので、しっかりと脱水補正をして、溜まるたびにこまめに排尿すると細菌が増えることがありません。トイレを我慢しがちで、尿道も短い女性は要注意です。

少し特殊な例になりますが、人から人へ伝播するウイルスが流行しているときには、山で他のメンバーと活動を開始する前にも手洗い、うがいをお互いにしておくことが勧められます。そうしたときには息苦しくならない程度のマスクあるいはマスク代わりのバンダナや手拭で、口と鼻をカバーするエチケットも欠かせません。これは、ガンガン登っているときに、自分の気道に付着した細菌やウイルスを激しい吐息や咳、くしゃみで周りの人に移さないためです。人と人との間隔も、お互いが視界から離れない程度に保ち、必要もなく超接近することは避けましょう。人が集まりやすい山頂や展望台での長時間の滞在は避け、次の人が来たらすぐに先へ進むぐらいの配慮が必要です。

栄養の効果的摂取

ケガや病気に抵抗力のある体をつくるためには、栄養管理はとても大切です。日々の体を維持するために必要な成分を補給することに加え、筋肉を育て、免疫担当細胞を適切なスピードでつくり出すための栄養素もしっかり摂る必要があります。実際に何をどの程度摂取するかは、もともとの体の状態と生活環境によってさまざまですが、基本設計として、アミノ酸、タンパク質など細胞の骨格の原料が不足しないようにしなければなりません。そして、エネルギー源としての脂質や糖質を体格や活動量に応じて補充します。激しい運動時と病気が重症になったときは似ていて、すぐにエネルギーに変換されるグリコーゲンが最初に消費され、その後で、体の中のエネルギー貯蓄である脂肪やタンパク質が分解され利用されます。

栄養管理に関してはいろいろな指標が作成されていますが、幸いなことに、普通の生活の一部として運動する人ではあまり細かい計算式を気にする必要はありません。なぜなら、人間の体には必要なものを体に取り入れ、余分なものは吸収しないか、吸収後、排泄してしまうという機能が備わっているからです。ただし、脂肪や糖分の摂り過ぎは避けなくてはいけないので、いろいろなものを体重や体型を気にしながら、食べ過ぎない程度に摂るというスタンスが簡便で正しい栄養管理です。

病原体の主な侵入経路

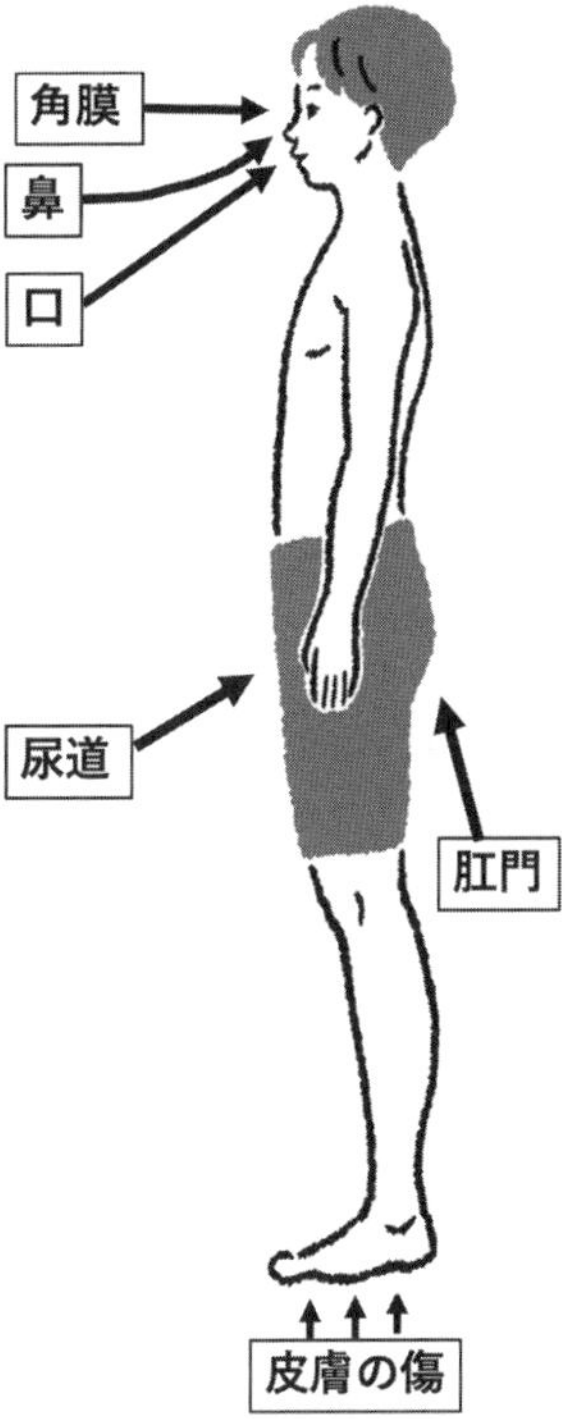

病原体は目・鼻・口・会陰部の粘膜や皮膚の傷から侵入する。侵入経路を十分に防御し、免疫機能が発揮できるように衛生管理することが大切。

ただし、何週間も山にこもるときや、もともと好き嫌いが激しくて偏食になりやすい人は、特定の栄養素が欠乏することがあるので注意が必要です。そうした場合には、ビタミンや亜鉛などの微量元素をサプリメントなどで補充することが必要になるかもしれません。ちなみに、栄養障害になってしまった人によく補充される成分は、A、C、E系のビタミン、鉄、亜鉛、ヨウ素、銅、マンガン、セレン、クロム、モリブデンなどの微量元素です。

運動前の栄養補給法は、マラソンやトライアスロンのマニュアルを参考にしてもよいでしょう。これらの運動前には、筋肉のグリコーゲン貯留を最大にするような科学的な食事法（カーボローディング）が実践されています。何日かかけて激しい運動と少ない栄養で体をカツカツにすることで、体に栄養不足をわざと引き起こし、体が栄養を溜めなくちゃと機転を利かせ始めたところで、グリコーゲンの原料となる糖分を補給するという戦略がとられます。ただし、これは競技中にほとんど栄養補給をすることなく筋肉をとことん動かす場合に有効な方法なので、ポツポツつまみ食いで栄養補給を行ないながら運動する普通の登山とは、利用する環境が大きく異なります。

普通の人以上に栄養管理に気をつけなくてはいけないのは、糖尿病などで代謝系に不安のある人です。タイミングよく糖質や水分を補給しないと、低血糖や高血糖発作、脱水症状に陥る危険があります。のどが渇いたら、力が入りにくくなったら、目の前が真っ暗になる前に素早く糖質を含んだ飲み物で補給してください。

水分の上手な補給法

健康な大人の体では、体重の約六〇パーセントが水です。体重六〇キロの体では三六リットルの水が含まれることになります。年齢によって水の含量は若干異なり、小児では全体の約六五パーセント、高齢者では約五五パーセントが水分です。五パーセントぐらいずつの違いですが、確かに子どもはみずみずしく、年配になると枯れてきます。また、体の組織ごとに水分の比率は異なります。たとえば、筋肉は七五パーセントの水を含みますが、脂肪組織の水分はたった一〇パーセント程度です。

通常、水分は口から入り腸から吸収されて、血液内に入ります。そこから全身を巡り、血管の外に出て細胞の外側（組織液と呼びます）や細胞の中に分布します。一日の水分の出入りは二〇〇〇〜二五〇〇ミリリットル程度ですが、これは発汗量の多い運動を行なわない最小限の生活動作だけをしている場合です。飲み物や食べ物から体に取り込まれる水の他に、代謝水という水が体の中で発生します。各栄養素が代謝されて、エネルギーに変わるときに発生する水分です。逆に、体から出ていく水分は、尿や便として出ていく他に、汗と不感蒸泄があります。不感蒸泄とは、本人が感じることなく気道や皮膚から蒸散する水分のことです。気温や湿度などの環境条件によっても異なりますが、おおむね一日、体重一キロあたり一五ミリリットルぐらいで、肺と皮膚から半分ずつくらいになります。寒い日に息を吐くと、吐いた息に含まれる水蒸気が霧状になって白く見えたり、メガネが曇ったりしますが、これが不感蒸泄の水分ロスです。

登山では脱水に特に注意が必要です。一般的な登山者の登山シーズンは夏場ですが、暑い中で長時間運動するので、汗で多くの水分が失われ、十分な水分（＋電解質）補給が必要となります。しかし、山では飲みたいときに飲みたいだけ飲めるということは稀です。自分で持ち上げた飲み物で済ますことがほとんどなので、たくさん飲もうと思えば、大量に持ち上げなくてはならず、かえってたくさんの水分が汗と吐く息から失われることになってしまいます。

運動によって汗をかいて脱水状態が始まると、血液が濃くなり、最初は細胞の中から血管内に水が移動します。さらに血液が濃くなると、視床下部の浸透圧受容体細胞がカラカラになり、異常を感知してのどの渇きを感じます。また、脳下垂体から尿量を減らすホルモンが出て、尿からの水分ロスを抑えます。こうして、尿は濃くなり、量は少なくなり、のどの渇きから飲み物を飲みたくなります。

体重の二〜三パーセントの喪失で運動能力が低下し、気温が高ければ熱中症になります。体重六〇キロの成人の場合、二リットル程度の汗による脱水で熱中症です。一般的な登山中に失われる水分量は次の式で推定できます。

「失われる水分量（ミリリットル）＝五×体重（キロ）×登山行動時間（時間）」

六〇キロの人が六時間の登山で二リットルくらいの水分ロスです。当然、気温や高度、運動の激しさによって実際に失われる量は変わってきます。特殊な例ですが、富士山を超えるような高所で活動する場合は、呼吸回数が増えたり、一回の換気量が多くなるので、肺からの不感蒸泄量が増えます。標高の高くない山への登山よりも水分ロスが多くなるので、最低でも一日あたり三〜四リットルの水分摂取が必要となります。

汗による水分喪失の場合は、水の喪失以外に、塩分の喪失にも十分な注意を払う必要があります。汗の中の平均ナトリウム濃度は一一五〇mg/Lぐらいなので、二リットルの汗で失うナトリウムは二・三グラムにもなります。失われた汗の補給を水やお茶で行なった場合、血液中のナトリウム濃度が低下し、重症になると低ナトリウム血症による神経症状が現われます。登山を含む運動中には脱水防止を意図してスポーツドリンクを飲む人が多いですが、何も飲まない場合や、水だけを飲む場合よりはずっといいものの、ナトリウム含量が少ない、炭水化物が多いなどの問題点もあります。また、一部のスポーツの選手は糖質の摂取を抑えるため、スポーツドリンクを薄めて飲むことも多いのですが、これだけで長時間運動を続けると低ナトリウム血症を招きやすくなります。

小腸でナトリウムはブドウ糖（グルコース）とともに細胞内に吸収され、ナトリウムの腸からの吸収とともに、水も吸収されます。このため、水、ナトリウム、糖が同時に摂取されると吸収がよく、ブドウ糖とナトリウムの比率が一対一の場合に吸収が最もよくなります。ＷＨＯ（世界保健機関）は、点滴を行なえない発展途上国で下痢による脱水を治療するには、こうした組成の飲み物がよいと推奨しています。

登山のような長時間の活動での発汗を全て飲み物で補おうとするならば、ナトリウムを多く含み、グルコース濃度が二～四パーセント程度のものがよいことになります。スポーツドリンクを薄める場合、水で薄めるだけではなく、そこに少し塩を加えると、安価で経口補水液が調整できます。もちろん、実際の登山の際には、行動中はスポーツドリンクを飲み、お昼の休憩時にお茶、梅干しの入ったおにぎりとカップの味噌汁などを摂るといった、飲み物と食べ物の組み合わせで調整するのもよいアイディアです。

快適な体温の維持

適切な範囲に体温が維持されていることは、体の抵抗力を発揮するために大変重要です。人間の体の中ではさまざまな化学反応が起こって生命活動を維持していますが、化学反応は温度の影響を強く受けます。体の中の各酵素は三六度C前後の狭い温度の範囲で最も効率よく触媒として作用します。体温が低ければ化学反応のスピードが遅くなることが多く、外部から侵入したウイルス、細菌などに殺菌作用を強く発揮できなくなります。ウイルスや細菌が侵入したときにはそれらの外敵を分解、排除するために熱が上がると考えられているので、ある程度熱が上がることは体の防御反応としては欠かせないことです。しかし、高熱が長時間続くと体力を消耗し、最終的には免疫活動も継続が難しくなるので、感染防御策をさまざまに講じた上で解熱処置を施すことは合理的です。

カーボローディングの実例

目標日1週間-4日前	糖質50-60%、たんぱく質10-15%、脂質25-30%の通常食
	強度の運動は避ける
目標日3日前-当日	糖質70-80%の高糖質食
目標日	活動開始3-4時間前の軽食
	活動1時間前に消化しやすい固形物・液体

カーボローディングの具体例　糖質不足の状態を作り出し、そこから一気に筋肉のグリコーゲン貯蔵を増加させる。

1日の水分出納（体重60kgの成人の目安）

水分排泄量 2500ml	尿	1400ml
	便	100ml
	汗	600ml
	不感蒸泄（呼吸）	400ml
水分摂取量 2500ml	飲料水	1300ml
	食物中水分	800ml
	代謝水	400ml

1日の水分の出入りは成人でだいたい2リットル強になる。これに運動時に追加で失われる汗や呼気から放出される水蒸気の分を加え、不足しないように補給する。

代表的な経口補水液の組成

成分	Na^+ (mEq/L)	K^+ (mEq/L)	Cl^- (mEq/L)	炭水化物 (%)
世界保健機関	75	20	65	1.35
欧州小児科学会	60	20	60	1.6
国内大手食品会社	50	20	50	2.5

代表的な経口補水液の組成　塩分を含まない飲料ばかりを摂取すると、ナトリウム不足で筋肉や神経の機能に異常をきたしてしまう。

熱中症の症状

I度（軽度）	めまい・失神
	筋肉痛・筋肉の硬直
	大量の汗
II度（中等度）	頭痛・気分の不快・吐き気・嘔吐・倦怠感・虚脱感
III度（重度）	意識障害・けいれん・手足の運動障害
	高体温

熱中症の症状が軽度のうちに対処しないと、自力で回復させることが困難になる。高体温の時間が長くなると体のタンパク質や細胞の破壊が始まる。

さて、登山というスポーツの特徴の一つは、天気や、気温、風などの気象条件、季節の変化に大きく影響を受けることです。同じ山でも快晴のときと悪天候のとき、夏と冬では体への影響が全く異なります。厳しい環境の中で体調を維持しながら活動するには、環境変化に対応する身体的能力と知識が必要になりますが、日常生活において病気になりにくい抵抗力のある体をつくるのにも、そうした能力、知識は有効です。登山を通じて体温管理能力を高め、山での活動を安全にするだけでなく、抵抗力のある体をつくることを考えてもいいでしょう。

まず環境の温度が高い状況での注意事項を考えてみましょう。気温・湿度の高い夏場は熱中症への注意が大切で、こまめな脱水補正が欠かせません。のどの渇きを感じにくくなる高齢者では、のどの渇きを感じなくても水分を摂ることが勧められています。一方、若年者は体の熱産生が多いので、運動量を意識的に抑えることが大切です。汗で失われる電解質やエネルギー源も水分と一緒に摂取することが必要ですが、高齢者では摂り過ぎもよくないので、糖分が多い市販のスポーツドリンクだけを大量に飲むのではなく、お茶などの薄い飲み物と交互に飲むなどの注意が必要です。

全身から手足に目を移すと、気温が高い状況は、血管が広がりやすく、手足の末梢循環には好ましい環境です。しかし、末梢に血液が貯留してしまい、心臓に戻る血液が相対的に減少するので、血圧が下がりやすくなります。動脈硬化が進んでいる人では、血管に弾力性が乏しいので、この血圧低下が極端になります。血圧が下がりすぎると、脳や心臓への酸素やエネルギー供給が減少し、立ちくらみや胸痛、不整脈を起こすことがあります。これがひどくなると脳梗塞や心筋梗塞へと発展します。こうした展開を避けるには、血管が広がっても心臓に十分な血液が戻るように、循環している血液の量を補充しなければなりません。その点でも脱水予防が大切です。脱水になると尿量が減少するので、暑い日に、いつもの間隔でトイレに行きたくならない、トイレに行ったら尿の色がいつもより大分濃いなどの現象が見られたら、まず脱水を疑いましょう。

次に温度が低い環境への対処を考えましょう。熱産生能の低い高齢者や、熱産生能は高くても体重に比較して体の表面の面積が広く、熱を失いやすい小児では寒い状況で体温が下がりやすくなっています。気温がそれほど低くなくても、雨や霧による体の濡れと風が合わさると、体表からの気化熱損失が大きくなり、急速に体温が奪われることになります。山中でも市街部でも防寒、防湿、防風を厳密に行なうことが必要で、併せて、体の熱産生能を維持するためのカロリー摂取が欠かせません。

屋内で部屋の温度や湿度を変えられれば、それに越したことはありませんが、屋外ではもっぱら着衣で調節することになります。最近はウェアの改良が目覚しく、低温のみであれば防寒具で十分対応可能です。気化熱による体温低下を予防するには、着衣をできるだけ乾いたものに替えることと、ウィンドブレーカー機能が欠かせません。風は着衣の防風機能が弱い場所から入り込み、服と体表の間にある断熱層の気体を吹き飛ばします。重ね着をすると、それぞれの層の間に空気の層が何層にもできるので有利といわれています。また、温度の微調整も、分厚いのを一枚だけ使用するよりも重ね着のほうが容易です。ただし、それぞれの衣類のつなぎ目から冷気が吹き込まないように、服の合わせ目は十分な幅を持って重ね合い、緩みのないように工夫する必要があります。

体温が下がり始めると、皮膚の下や手足の血管は収縮し、血液の温度が外気へと奪われるのを防ごうとします。それから、体がガタガタ震え出し、思わず足踏みや腕を体に回して力を入れてみたりします。これは、筋肉を動かして、熱を産生しようという反応です。筋肉を動かすためにはエネルギーが必要なので、エネルギー源に予備があるうちは、こうした運動で体温の低下を防ぎます。しかし、グリコーゲンなどすぐに使える燃料を使い切ってしまうと、震えることもできなくなり、急激に体温が下がり始めます。そうならないためにも寒い環境が予想されるときには、あらかじめ筋肉活動用のエネルギーを普段の食事に上乗せして摂っておかなくてはなりません。また、脂肪組織も熱産生の役割を持っています。寒さに強い体にするためには過剰にならない程度の脂肪組織は必要で、ガリガリの細身では寒さに対抗できません。

寒冷時の手足の状況はどうでしょう。手足は表面積が広く、寒冷時には体温が失われやすい部位です。体はこうした部位を流れる血液からの体温損失を防ぐために血管を収縮させるので、体の真ん中の体温（深部体温）は守られやすくなりますが、手足表面の温度は環境の温度に近いぐらいまで低下します。しかし、低体温症がひどくなると手足の血管の壁の筋肉も緊張を保てなくなり、手足の血管が麻痺性に拡張してしまいます。こうなると、手足からの温度の放散が激しくなり、深部体温が三二度Cを割り込むぐらいまで低下します。そして、心臓がまともに収縮できなくなり、ついに息絶えることになります。

凍傷は手足や顔面などの局所が一定時間以上冷やされることによって発生します。体の部分が凍結するためというよりは、寒冷による局所の血管収縮や血管の壁の麻痺状態による局所での血漿（血液の中の血球以外の液体成分）漏出で、血管が詰まることが原因と考えられています。ですから、動脈硬化の進んだ、もともと末梢循環の不良な人はそうでない人よりも発生しやすいことになります。凍傷を起こしやすい場所、体温を奪われやすい場所は決まっていて、体の中心から遠い手足の指、顔（特に鼻や耳、ジッパーの当たる襟元など）、冷たい地面に直接接する足の裏などが危険です。靴底のゴムやプラスチックは断熱性能が高くないので、足回りの保温が寒冷時の防寒、末梢循環維持、凍傷予防には欠かせません。

緊張すると手のひらや足の裏に汗をかきやすくなりますが、これは、交感神経が緊張するためで、本来は動物が戦うときに働く神経です。手足の血管が収縮し咬まれても血が出にくくなり、湿り気のある手足は体毛に覆われた相手をつかみやすくなります。手足の汗のかきやすさには個人差があり、こうした交感神経反射の強い人は、寒冷時に末梢循環が悪くなりやすく、また冷汗で手や足が湿りやすいので凍傷に要注意です。また、タバコもニコチンが手足の血管を収縮させるので末梢循環不全や凍傷の危険因子です。もともと動脈硬化が進んでいる人、平地でも一度冷えると手足がなかなか温かくなってこない人なども寒冷時期には防寒具をしっかり身につけて、体温管理を厳密に行なう必要があります。

転倒を防止する復帰力の強化

筋力・平衡感覚・柔軟性

高齢者が寝たきりになる直接的原因の一つは、転倒して骨折し、しばらく安静にしなくてはならなくなることです。安静にしているうちに使われない筋肉の力が急速に衰え、動かないことで淀んだ血液が、各種の血栓症を誘発します。また、勢いのよい呼吸や深呼吸をすることがなくなって、淀んだ空気の中でウイルスや細菌が繁殖し肺炎になります。動けない時間が長くなればなるほど、さらに動けなくなっていきます。また、ケガ自体が治っても、いざ動き始めるにはかなり真剣にリハビリテーションに取り組む必要があり、元の筋力、体力まで回復できるかどうかもわかりません。ですから、動けなくならないためには動き続けることが大切で、そのためには動きながらもケガをしないための慎重さが欠かせません。

転倒を防止しケガをしないようにするためには、体勢の崩れを察知するための平衡感覚、姿勢回復のための指令を出す脳・脊髄の俊敏さ、そこからの指令を実行する筋肉のパワー、筋肉を滑らかに動かすための筋肉・靭帯表面の滑らかさなどの要素を健全にしておくことが求められます。

平衡感覚は耳の奥にある三半規管と、そこからの信号を受け取る間脳、小脳が担当しています。こうした部分に変調が起きると平衡感覚が崩れます。特に小脳は、バランス感覚を必要とする運動をするときに非常に重要な役割を果たしていて、小脳に脳梗塞が起きるとまっすぐに歩くこともままならなくなります。バランス感覚というと平行棒の上を歩くとか、片足で立つなどがすぐに思い浮かびますが、目的の場所にさっと手を持っていくとか、丁寧に字を書く、流暢に言葉を話す、などもみんな小脳が担当するバランス感覚（必要な複数の筋肉を順序よく程よい力加減で収縮させていくこと）で成り立っています。ですから、小脳の障害では、指を鼻先にさっと持っていくことや、字を書くこと、言葉を話すことなどがすべて難しくなります。

平衡感覚を維持し強化するには、片足立ちなどのバランステストを繰り返す、バランスボールやバランスパッドなど屋内で手軽にできる器具を用いて、暇さえあれば体の平衡感覚トレーニングを続けるなどが有効です。目標は異なりますが、体操の選手たちは平均台や平行棒などの実力を上げるために、何度も何度も実技練習を繰り返すことで平衡感覚を洗練していきます。

以前はバリアフリーが転倒防止に役立つと言われていました。ところが最近、バリア〝ありー〟のほうが、転倒防止に役立つという意見があります。使わない能力は衰えると言われますが、転倒防止のためのバランス保持力や注意力の維持も同様です。バリアフリーの環境に慣れてしまい、段差や障害のない環境での生活が当たり前になると、障害物を避ける能力や障害物に引っかかったときにとっさに姿勢を立て直す能力も使わなくなります。登山の環境ではそのようなことはあり得ないので、登山の現場そのものがすばらしい平衡感覚、バランス保持機能の練習場です。登山をやろうという人は、日頃から敢えてバリア〝ありー〟環境での生活にチャレンジすることが必要かもしれません。登山ができなくなったら、バリアフリーにすることでも問題ないでしょう。

転倒によるケガを防止するには、平衡感覚に加え、姿勢を保持する筋力が維持されていることが欠かせません。小脳や脊髄から転倒を避けるための指示がいくつかの筋肉に発信されたとしても、受け手の筋肉にそれに対応する筋力がなければ、必要な筋肉が踏ん張って体勢の崩れを止め、素早く姿勢を元に戻す動作に移れないからです。そうした意味で、背骨を取り囲む脊柱支持筋群、腹筋、背筋、重心を低い位置に保つための大腿筋群、足首の曲げ伸ばしで足元の障害物を避ける下腿筋群を鍛えておくことが有効です。

登山での事故は下山時に多いことがわかっています。その大きな原因は、登りで筋力を使い果たし、下山時に不意の障害物でバランスを崩したとき、姿勢を回復させる筋肉がうまく働かないことにあります。筋力低下でバランスが取りにくくなることを「膝が笑う」と言いますが、これは大腿四頭筋が長時間の歩行で疲労して膝に力が入らなくなり、膝を安定して支えることができなくなった状態です。こうなると、バランスを取ろうと思っても脚が言うことを聞いてくれず、転倒の危険が高まります。登山前と登山後でバランス力のテストをすると、筋力に余裕のない人では、登山後

障害物の多い登山道を歩くと転倒防止の機能が強化される。登山道には多様な障害物があり、障害回避の能力がなければ進むことができない。

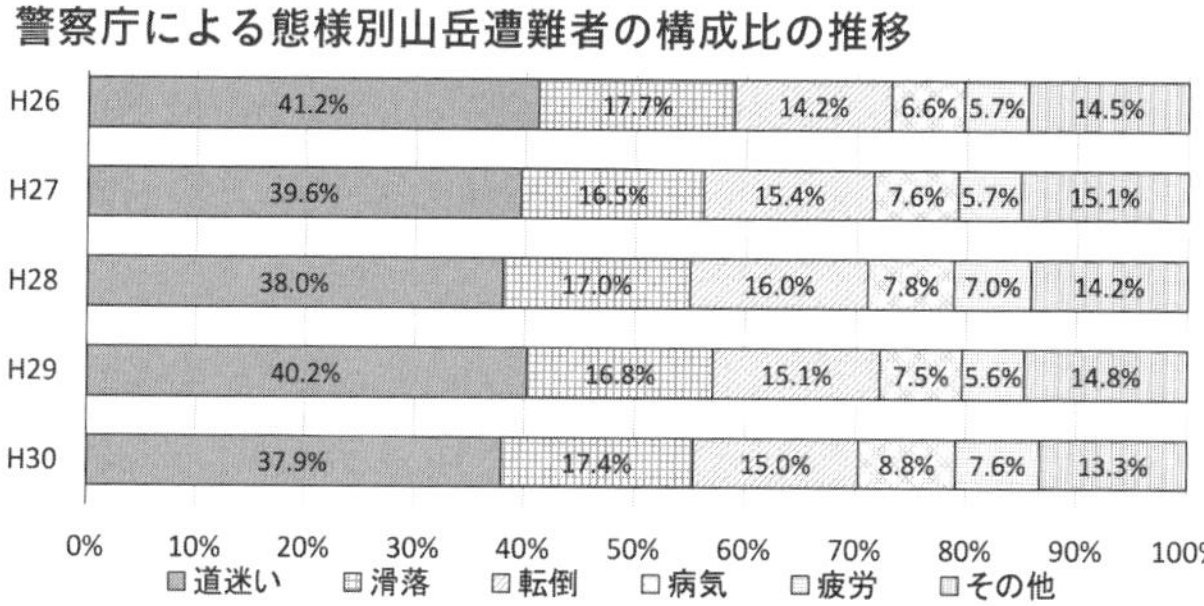

平成26年から30年までの山岳遭難の原因

バランスを崩して転倒・滑落し、救助を要請する事例が多い。岩壁登攀の事故よりも木道でのスリップや浮石での捻挫例などの方がはるかに多い。

のバランス力低下が顕著に現われます。

筋力と併せて欠かせないのが体の柔軟性です。個々の筋肉に十分な筋力があっても、しなやかな動きができないと瞬時の姿勢回復には役立ちません。筋肉の表面には筋膜と呼ばれるツルツルした丈夫な膜があり、筋膜がまとまって骨に張り付くところが靭帯です。筋膜自体はツルツルしていますが、その表面が別の筋膜や周辺の組織と張り付いてしまうと、スムーズには動きません。サビが着いたりゴミが詰まったギアがうまく回らないのと同様です。柔軟性確保には動かしていることが大切で、具体的には毎日のストレッチなどで体をさまざまな方向にゆっくりと伸ばしたり、捻ったりしておくことが有効です。筋肉を動かさないと、筋膜が長時間接触し続け周囲の組織と貼りついて動きにくくなります。また、動かなくなりつつあるところを無理に動かそうとすると、痛みが出たり、ケガをしたりします。子どもはいつも動いていて、「少しはじっとしていなさい」とよく叱られていますが、その分、体は柔らかく、少々転んでも擦り傷くらいで大きなケガはまずしません。年配になると動かなくなる人が多く、「たまには体を動かせば」と周囲から促されている人が少なくありません。動こうとすると、体の節々が痛くなり、ちょっと頑張るとギックリ腰になったり、運が悪いと転倒して骨折したりします。最初が肝心で、動き続けることが動物としての本来のあり方だと考え、生きているならとにかく動こうと習慣化することが大切です。

山での事故に関しては、都道府県警察や警察庁生活安全局地域課から山岳遭難の現状が毎年報告されています。その中で、転倒、転滑落は道迷いと双璧をなす主要な遭難原因で、転倒＋転滑落で全遭難事例の約四〇パーセントを占めています。多くの転倒、転滑落事例は、難しい岩場ではなく、「え、こんなところ?」というようなちょっとした段差や滑りやすい木道など、気が緩む場所で起こっています。下山時は足場と目の位置が遠くなること、登りで筋力を使い果たし姿勢の保持能力が低下してくること、登頂後で気が緩むこと、などから事故発生リスクが高くなると言われています。また、薄暗くなってくる夕刻の時間帯は、日暮れ前に目的地に着かなければという焦りも加わって、要注意の時間帯です。暗い場所では視力も極端に落ちるので、足下の視認能力が低下します。行動中の注意に加えて、計画段階で余裕のあるスケジュールにすることも大切です。早い時間に活動を開始し、無理のないコースを選択することで、もし予定外の事象が発生しても、暗くなる前に何とかできる、時間と体力の余裕ができます。普段から筋力アップ、平衡感覚修練に取り組んでいれば、無理のないコースの選択範囲が広がるので、いろいろなところへ行きたいと思うのであれば、まずは事前に十分なトレーニングを行ないましょう。また、足腰の関節に不安のある人は支えになるストックとサポーター（もしくはテーピングテープなど）をちゅうちょなく使用しましょう。最初から負担軽減を図っておく方が、障害が出てから使い始めるよりもずっと得策です。山に出かけることは転倒しないためのバランス感覚鍛錬や筋力維持には非常に有効ですが、その前提として、山の中ではとにかく転倒しないように慎重な計画、装備、行動を心がけましょう。

おわりに　免疫力をつけて元気な体

薬や器具に頼らない健康法の大切さ

ここまで病気やケガに抵抗力のある体を、「登山」を活用してどのようにつくっていくかというお話をしました。巻では、簡単に健康になれる薬やサプリメント、道具があるようにさまざまな宣伝がされています。しかし、そう簡単に抵抗力のある体ができるわけもないことを皆さんよくわかっているし、二〇一九年末からの新型コロナウイルス感染症では、世界の人々がいやというほど思い知らされました。薬が効かない病気は今でもたくさんあります。また、効く薬には必ず副作用があります。

例えば、炎症・アレルギー反応の抑制目的で広く使われる副腎皮質ステロイド製剤は、強力な抗炎症作用をもち、白血球の遊走、炎症反応、痛みなど炎症時のほとんどの生体反応を抑制しますが、炎症・浮腫などの症状を一時的にマスクし、症状の進行を遅らせているだけで、抗体産生、免疫細胞の遊走など免疫現象そのものを抑制してしまうため、ウイルスや細菌の住みやすい環境を作ってしまいます。その他にも、骨形成抑制、胃酸増加、糖尿病の悪化などさまざまな副作用があります。

また、手術用内視鏡や医療用ロボットを使った新しい手術手技が次々に開発されても、全てのがんが取り除けるわけでも、壊れた臓器をすべて移植や再生医療製品で取り替えられるわけでもありません。現在でも健康長寿を達成するには、自分の体を丈夫にしておく、抵抗力をつけておくことが一番大切です。

今も生きる先人の知恵と継続の重要性

健康長寿が人々の関心事であるのは最近のことではありません。元気に長生きしたいという願望は洋の東西、時代を問わず人類に共通のものです。日本では白隠の『夜船閑話』や貝原益軒『養生訓』などが有名で、呼吸法、食生活、心の持ち方などさまざまな健康長寿の秘訣が書かれています。各書ともそれぞれの時代のベストセラーであったようです。日本での養生法の基本は中国からの漢方医学を参考にしていると考えられ、仏教経典の『大智度論』、『摩訶止観』、『天台小止観』などの記述が基本になっているようです。腹式呼吸に相当する丹田呼吸法や素食を基本とする食生活もこうした文献に記されています。日本では曹洞宗の開祖である道元が『正法眼蔵』や『典座教訓』、『赴粥飯法』などにさまざまな記述を残していて、現代医学の観点からも合理的なものがほとんどです。

例えば、呼吸に関しては、「息は鼻より通ずべし」、「吹気従来鼻孔功」と鼻呼吸が大切であること、「息至丹田還従丹田出」と丹田まで深く吸うこと、「舌柱上顎」と舌を上顎に付けて吐くことなど、大安般守意経の釈尊の呼吸法を継承した記載がされています。また、「繋於壽命出入一息」と、呼吸が生命の基本的な現われであることを記しています。栄養に関する記述では、『宝慶記』の「不可食五辛、諸不浄食、諸生硬物」「不可飲酒」といった記述にあるように、食材を制限し粥を基本として素食をよしとしています。衛生に関する記述も充実していて、「不得汚手捉食」と喫食前の手洗いを励行し、「よくかみて、はのうへ、はのうら、みがくがごとくとぎあらう」という口腔衛生指導も詳細に記しています。

よく効く薬や手術治療がなかった時代であればこそ、自分の体を健全にして、病気に抵抗力のある体にする方法がきめ細かく検討されていたと言えるでしょう。

山登りは持久系の運動に区分されます。持久系の運動をすることで内臓脂肪を効率よく燃焼させることができ、糖尿病や高血圧などの予防に役立てることができます。生活習慣病といわれる疾患群の予防には食生活の改善と運動習慣が重要とされていますが、激し過ぎない「山登り」はこの目的にぴったりフィットします。競技スポーツは故障との闘いで、高齢になるまで継続することは容易ではありません。一生涯継続的に取り組める運動こそ、健康長寿に貢献しますから、その意味で、自分のペースを守りさえすれば、何歳になっても取り組める「登山」は理想的と言えます。心身リラックスのための運動量にとどめることもできれば、段階的に行程の所要時間を縮めながら体を鍛えることもできます。

ただし、取り組み方には注意も必要です。自分のペースを大切にすることが健康増進につながると考えられますが、おおらか過ぎで、天候も体調も絶好のときにしか運動しないのでは健康増進にはなりません。負荷の量はそのときそのときの状況に合わせて几帳面に調整しながら、週に三〜五回程度の運動、その中で月に何回かの山行を継続しないと健康増進にはならないでしょう。登山愛好家には普段のトレーニングをしていない人も多く、準備体操や整理体操をしない人も珍しくありません。「山登り」を健康増進につなげるには、日頃のトレーニングや食事を含めた健康管理とセットにすることが大切です。

最新機器を活用した簡単・確実な記録術

体の状態は年とともに変化します。当然、健康管理・健康増進に関する考え方も変えていく必要があります。成長期にしっかりした体をつくるには、ケガなどに注意して、心肺機能と筋力、骨などを十分に鍛えます。細胞分裂や組織構築に必要な栄養素を、必要量しっかり摂取することも必要です。壮年期になったら、ライフスタイルに合わせて、食生活や運動習慣を順次改変し、こまめに体重・血圧などを計測しながら健康体の維持を目指します。仕事の空き時間を上手に使って、体を動かし続ける習慣も欠かせません。そうした成果は二十年、三十年後に必ず現われます。そして老年期に至ったら、不調や持病が出てきても、病気や障害とうまくつき合いながら運動習慣をできるだけ維持します。健康診断を定期的に受け、医師等の専門家から体調管理のポイントや運動時の注意を聞いて、自分の体を見つめることを避けないことが大切です。

ある程度の年齢になったら、健康増進を目的として登山をする場合、他人との比較はむしろ有害です。競争心に駆り立てられた無理な運動は継続を難しくします。自分にとって快適な運動という視点を忘れないようにしましょう。そして、継続的に繰り返し身体機能の測定を行ない、自分の値の変化に注目することが重要です。

そのためには、記録をきちんとつけておくことも大切です。「○○年○○月○○日、○○時○○分出発。天気○、気温○○度、湿度○○パーセント。荷物○○キロ。○○山○○コースの○から○まで、標高差○○メートル、水平距離○○キロの部分を○○分で歩くのが快適な運動であった。○○時に○○地点で測定した心拍数は○○回／分、血圧は○○／○○であった」と事実を正確に記録することで、そのときそのときの健康状態を振り返ることができます。

以前は手帳やメモ帳に鉛筆で書き込むスタイルが一般的でしたが、現在はさまざまなデジタル機器が普及していて、そうしたものの多くが、健康管理機能も持っています。自動的に位置情報や移動距離、累積標高差、スピード、予想消費カロリーなどを算出・記録し、心拍数や酸素飽和度まで

十分な準備体操がケガの防止や安全な健康増進につながる。いざというときにスムーズに体勢保持ができるかどうかは、体の柔軟性にかかっている。

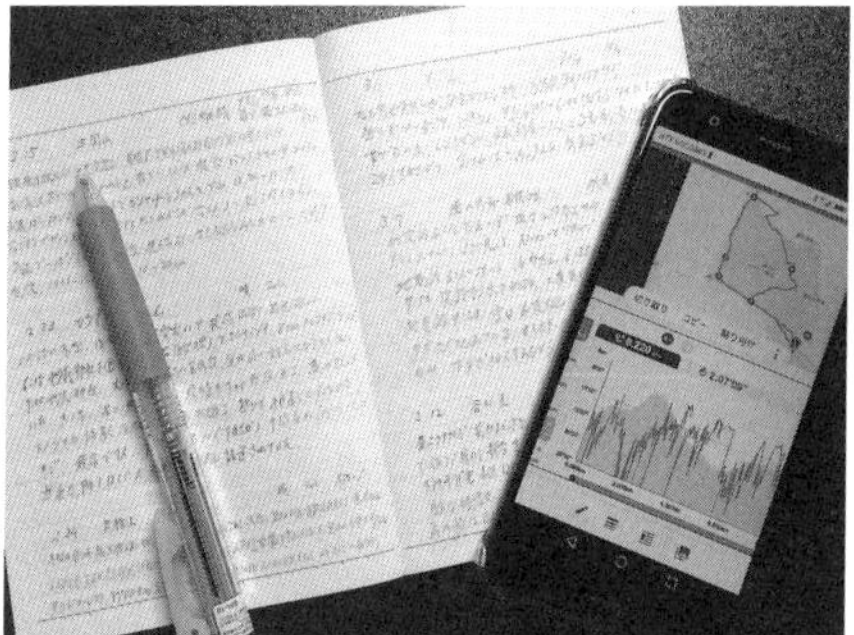

手帳への記録やスマホ機能の活用で、振り返りを可能にすることができる。毎年同じコースを歩くことで、体の変化を確認しておきたい。

測定するものも市販されています。こうした便利グッズも積極的に活用して、自分自身のデータをシーズンを変えて測定し、以前のものと比較しましょう。登山活動を基盤とした健康管理が行なえます。

例えば、快適と感じる心拍数が下がらないで維持されていれば、自分の生物学的年齢は上がっていないと推測することができます。高血圧の人ならば、一年間の登山で血圧を下げることができたかどうか効果の有無が確認できます。記録する際に、主観的な疲れぐあいや、健康上の気づいた点も数値とあわせてメモしておくとさらに参考になります。定期的に、同じ場所、同じ場面で測定することでよい比較ができますから、頻繁に通えそうないくつかのコースについて、心拍数と血圧を測定するタイミングや場所を決めておくとよいでしょう。

最後にもう一度、「登山」で抵抗力のある体をつくるためのポイントを整理しましょう。

【抵抗力をつけるための取り組み方】

一　自分の現在の健康状態を正しく把握する。
二　自分の特性に合わせて段階的に鍛錬する。
三　継続的な活動計画を立てて、実践する。
四　繰り返し（定期的に）健康状態をチェックする。

五　不調が生じたらいったん回復に専念し、その後、速やかに活動を再開する。

【抵抗力のある体づくりのポイント】
一　空気の通り道を清潔にする。
二　大きく吸ってゆっくり吐く。
三　呼吸の筋肉、足腰の筋肉を鍛える。
四　坂道や階段を好んで歩く。
五　食事に注意して太り過ぎない。
六　季節を問わず脱水に注意する。

　右にリスト化した項目の多くは本文中で繰り返し強調したポイントで、食事の注意、脱水予防、呼吸の工夫、動き続けるなどのポイントはくどいと思われたかもしれません。個別の章立てのみを読んでも話が完結するように、重要事項は敢えて繰り返し記述したためですが、こうした項目は肺や心臓・血管を長持ちさせるためにも、登山を生涯にわたって楽しむためにも必ず守っていただきたい、影響力の大きいものばかりです。

　これらの事項をできるだけ実行し、薬や医療機関に頼るだけではない、本当の体の抵抗力をつけていただきたいと思います。

主な参考文献

1）日本登山医学会「登山の医学ハンドブック」（改訂第2版） 杏林出版
2）山本正嘉「登山の運動生理学とトレーニング学」東京新聞出版局
3）浅野勝己「運動生理学概論」杏林書院
4）中野昭一「スポーツ医科学」杏林書院
5）久木野憲司 他「標準栄養学講座──運動生理学」金原出版
6）鈴木志保子「スポーツ栄養学」ベースボールマガジン社
7）齋藤 繁「病気に負けない健康登山──ドクターが勧める賢い登山術」（ヤマケイ山学選書）山と溪谷社
8）齋藤 繁「体の力が登山をかえる──ここまで伸ばせる健康能力」（ヤマケイ新書）山と溪谷社
9）齋藤 繁、飯野佐保子「山歩きの健康管理の秘訣」朝日印刷
10）日本登山医学会 高山病と関連疾患の診療ガイドライン作成委員会 「高山病と関連疾患の診療ガイドライン」中外医学社
11）齋藤 繁「登山を楽しむための健康トレーニング」上毛新聞社
12）戸部 賢、齋藤 繁「曹洞禅──道元の健康観」日本医史学雑誌 65(4): 482-494, 2019
13）三枝里江、戸部 賢、高澤知規、麻生知寿、齋藤 繁「上州、上越地方の山岳信仰と修験者の医学的知識」The Kitakanto Medical Journal 2020: 70; 199-206.

1) Shigeru Saito, Hitoshi Shimada
Effect of Prostaglandin E1 analogue administration on peripheral skin temperature at high altitude.
Angiology 45: 455-460, 1994.
2) Shigeru Saito, Hitoshi Shimada, Takasuke Imai, Yuji Futamata, Kinnichi Yamamori
Estimation of The Degree of Acclimatization to High Altitude by A Rapid and Simple Physiological Examination.
Int Arch Occup Env Health 67: 347-351, 1995.
3) Hitoshi Shimada, Toshihiro Morita, Fumio Kunimoto, Shigeru Saito
Immediate application of hyperbaric oxygen therapy using newly devised transportable chamber.
Am J Emerg Med 14: 412-415, 1996.
4) Fumio Nishihara, Hitoshi Shimada, Shigeru Saito
Rate pressure product and oxygen saturation in tourists at approximately 3000 m above sea level
Int Arch Occup Environ Health 71: 520-524, 1998
5) Shigeru Saito, Fumio Nishihara, Tomonori Takazawa, Masaki Kanai, Chizu Aso, Tatsuya Shiga, Hitoshi Shimada
Exercise-induced cerebral deoxygenation among untrained trekkers at moderate altitudes.
Arch Environ Health 54: 271-276, 1999
6) Shigeru Saito, Chizu Aso, Masaki Kanai, Tomonori Takazawa, Tatsuya Shiga, Hitoshi Shimada
Experimental use of a transportable hyperbaric chamber durable for 15 psi at 3700 meters above sea level.
Wilderness and Environmental Medicine 11: 21-24, 2000 (case report)
7) Shigeru Saito, Ken Tobe, Naomi Harada, Chizu Aso, Fumio Nishihara, Hitoshi Shimada
Physical condition among middle altitude trekkers in an aging society.
Am J Emerg Med 20: 291-294, 2002
8) Saito S, Tanaka SK.
A case of cerebral sinus thrombosis developed during a high-altitude expedition to Gasherbrum I.
Wilderness Environ Med. 2003 Winter; 14(4): 226-30. (case report)
9) Saito S, Tanobe K, Yamada M, Nishihara F.
Relationship between arterial oxygen saturation and heart rate variability at high altitudes.
Am J Emerg Med. 2005 Jan; 23(1): 8-12.
10) Hirokazu Sakaue, Takashi Suto, Masafumi Kimura, Sou Narahara, Tomonobu Sato, Masaru Tobe, Chizu Aso, Toshie Kakinuma, Makiko Hardy-Yamada, Shigeru Saito
Oxygen inhalation using an oxygen concentrator in a low-pressure environment outside of a hospital
Am J Emerg Med. 2008: 26(9); 981-984.
11) Kimura M, Tobe M, Suto T, Narahara S, Yamada M, Aso C, Takazawa T, Baba Y, Saito S.
Balance of older trekkers: data on alpine accidents and performance as assessed using a video game machine.
Am J Emerg Med. 2012 Sep; 30(7): 1125-8.
12) Suto T, Saito S.
Considerations for resuscitation at high altitude in elderly and untrained populations and rescuers.
Am J Emerg Med. 2014 Mar; 32(3): 270-6.
13) Tobe M, Takazawa T, Kanamoto M
The effects of alcohol on balance at sea level versus the summit of Mt. Fuji.
Journal of Alcohol and Drug Education　2014; 58(3): 19-25
14) Sato T, Takazawa T, Inoue M, Tada Y, Suto T, Tobe M, Saito S.
Cardiorespiratory dynamics of rescuers during cardiopulmonary resuscitation in a hypoxic environment.
Am J Emerg Med. 2018 Sep; 36(9): 1561-1564.
15) Takazawa T, Tobe M, Kimura M, Suto T, Ohta J, Matsuoka H, Yano H, Saito S.
Physiological and Pharmaceutical Knowledge in "Ninja" Society:
Suggestions for Modern Anesthesiologists and Intensivists.
J Anesth Hist. 2018 Oct; 4(4): 209-213.
16) Suto T, Saito S, Tobe M, Kanamoto M, Matsui Y.
Reduction of Arterial Oxygen Saturation Among Rescuers During Cardiopulmonary Resuscitation in a Hypobaric Hypoxic Environment. Wilderness Environ Med. 2020 31(1): 97-100.

齋藤 繁（さいとう　しげる）

1961年群馬県高崎市生まれ。群馬大学大学院医学系研究科教授。大学での教職に加え、附属病院で副院長、麻酔科蘇生科診療科長、集中治療部長、高気圧酸素治療室長、緩和ケアセンター長などを兼務する。大学生時代にワンダーフォーゲル部に所属し、国内各地で登山に励む。1992年日本ヒマラヤ協会クラウン峰登山隊に参加し、高所登山に関する医学研究に取り組む。その後、山岳イベントの医療支援活動や一般登山者の健康管理に関する啓蒙活動などを行なっている。所属山岳団体は、群馬県山岳連盟、日本山岳会、日本ヒマラヤ協会、日本登山医学会など。

山登りでつくる感染症に強い体 YS053

2020年11月1日　初版第1刷発行

著　者　齋藤 繁
発行人　川崎深雪
発行所　株式会社　山と溪谷社
〒101-0051
東京都千代田区神田神保町1丁目105番地
https://www.yamakei.co.jp/
■乱丁・落丁のお問合せ先
山と溪谷社自動応答サービス
電話　03-6837-5018
受付時間／10時～12時、13時～17時30分
（土日、祝日を除く）
■内容に関するお問合せ先
山と溪谷社
電話　03-6744-1900(代表)
■書店・取次様からのお問合せ先
山と溪谷社受注センター
電話　03-6744-1919／ファクス　03-6744-1927

印刷・製本　図書印刷株式会社

定価はカバーに表示してあります

Printed in Japan ISBN978-4-635-51067-7